la grande cucina

italiana

la grande cucina
italiana

OCTAVO
Franco Cantini Editore

Franco Cantini Editore
Borgo Santa Croce 8, Firenze

ISBN 88-8030-153-5

Titolo originale: *Complete Italian*

Revisione e adattamento: Francesco Galluzzi
Traduzione: Susanna Laino
Consulenza gastronomica: Massimo Casini
Copertina: Auro Lecci
Adattamento grafico dell'edizione italiana: Nina Peci

Indice

Introduzione

Le abitudini imposte dai ritmi della vita contemporanea portano sempre più spesso a considerare l'alimentazione non tanto come un piacere, quanto una necessità inevitabile da soddisfare privilegiando piuttosto aspetti come la velocità di consumo, ed eventualmente di preparazione, rispetto all'equilibrio dietetico e alla qualità degli ingredienti e dei sapori. Molti oggi consumano almeno uno dei pasti quotidiani in un bar, in un fast-food o in una tavola calda, e generalmente nella loro scelta non si fanno guidare dalla qualità del servizio, ma dalla vicinanza o meno di uno di questi locali al posto di lavoro. Si tratta di comportamenti all'apparenza molto 'pratici', ma che spingono inevitabilmente verso quella che dietologi e gastronomi, ciascuno dal proprio punto di vista, hanno definito come "diseducazione alimentare".

E questo è un peccato, perché la cucina è uno di quei piaceri che non dovrebbero assolutamente andare perduti. I sapori, gli aromi delle cucine dei vari paesi portano con sé lo spirito delle civiltà che li hanno prodotti, e possono rivelarne a chi li assaggia l'anima più intima e segreta. Così come, in occasione di un viaggio in un paese straniero, amiamo conoscere i piatti tipici e le curiosità alimentari che quel paese può offrire, accanto ai panorami suggestivi e alle ricchezze artistiche, ugualmente dovremmo prestare la stessa attenzione alla cultura gastronomica del nostro paese e conservarne tutta la ricchezza – specialmente considerando che l'Italia ha in questo campo una tradizione particolarmente preziosa e inesauribile.

Coltivare questa memoria, però, significa anche saper preparare i piatti e le vivande che questa tradizione compongono. Non basta saperli mangiare. La cucina è un'arte che vive di creatività e di fantasia, che si arricchisce tutte le volte che qualcuno prepara un piatto tradizionale inventandone nuove varianti, aggiungendo il tocco della propria inventiva. Questo libro propone quindi quelle ricette che compongono la base del patrimonio della cucina italiana, che ciascuno potrà poi arricchire elaborando varianti per personalizzare i propri menù.

Un po' di storia

Cosa mangiava per cena il poeta latino Orazio? Lo racconta lui stesso in una delle sue Satire: "Porri, ceci, focaccia di grano". E lo scrittore e naturalista Plinio, che visse più o meno nello stesso periodo, invitando un amico ad un pranzo di quelli speciali, gli fece servire lattuga, olive, bietole, cipolla, zucche, un piatto di semola aromatizzata con vino e miele, tre lumache, due uova, frutta e dolci. Come si vede, la cucina degli antichi Romani era improntata al tipo di alimentazione, negli ultimi tempi tanto rivalutata, che va sotto il nome di "dieta mediterranea". La carne ad esempio, un tempo considerata alimento rituale e appannaggio esclusivo dei sacerdoti in occasione di sacrifici religiosi, divenne alimento abituale solo in età imperiale, e destinata principalmente alle tavole di ricchi ed eccentrici buongustai, condita con quelle spezie conosciute

attraverso le conquiste militari in Asia.

Analogo regime alimentare conobbe il Medioevo, ancora con la distinzione tra le tavole dei ricchi, dove abbondavano piatti di carne in maniera quasi eccessiva, e quelle dei poveri, la cui dieta era prevalentemente basata su legumi, farinacei e le focacce che, tramandate dai Romani, potrebbero essere considerate quasi antenate delle nostre pizze. La grande svolta arriva di nuovo per la cucina italiana, come all'epoca dei Latini, dall'Oriente, e stavolta arriva via mare. È a Venezia, città di navigatori e di commercianti, ambiente cosmopolita e 'vegetariano' (i veneti avevano conservato, attraverso i contatti con Bisanzio, molti usi della cucina greca e romana, ed erano consumatori di verdure fresche in misura assai superiore che nel resto d'Italia), che ricominciano ad arrivare dall'Asia le spezie, diventando immediatamente un bene molto prezioso. I "sacchetti veneti" (come venivano chiamati i contenitori di spezie ed erbe aromatiche), vengono spesso ricordati, dalla fine del Medioevo, nei testamenti di nobili e mercanti, lasciati in eredità come i gioielli e i beni di famiglia. Da Venezia, come da Genova o da Napoli, entrano a far parte delle abitudini alimentari italiane prodotti dell'Oriente o del continente americano appena scoperto, quali il pepe, il riso, la pasta, i pomodori o i fagioli. E a Venezia, che vantava anche una raffinata diffusione di stamperie e tipografie, inizia anche la pubblicazione di ricettari e di libri di cucina, dove si mescolano spesso indicazioni gastronomiche e osservazioni sanitarie sugli eventuali benefici dei diversi cibi al corpo e alla mente. I libri di cucina sono il più importante canale di diffusione per le nuove abitudini alimentari, e la loro influenza si farà sentire sulle tavole di tutte le regioni italiane, e all'estero. In Francia, ad esempio, dove la trattatistica culinaria stampata in laguna influenzerà la gastronomia molto più del trasferimento da Firenze di Caterina de' Medici sposa a Enrico II di Valois, la quale (si dice) avrebbe portato con sé tutti i suoi cuochi imponendo alla corte francese il proprio modo di mangiare (aneddoto spesso riferito, ma di scarso fondamento storico). È col Rinascimento, comunque, che la cucina italiana definisce i propri caratteri fondamentali, ancora oggi riconoscibili nelle nostre abitudini a tavola, al di là delle inevitabili trasformazioni venute col tempo.

Varianti regionali

Bisogna tenere comunque presente che, quando si parla di cucina italiana, si rischia di fare una generalizzazione un po' astratta. In realtà, ad un'analisi accurata, le tavole imbandite si differenziano spesso da regione a regione per una serie molto complessa di motivi. Le differenze di territorio e di clima hanno creato le condizioni per una varietà notevole di coltivazioni agricole, le influenze straniere (magari dovute alle dominazioni subite nel corso dei secoli) hanno determinato abitudini e gusti alimentari peculiari. Per non parlare delle suggestioni assorbite dai contatti con civiltà lontanissime dalla nostra (basta pensare che una specialità della cucina ligure, la mesciua, ha lo stesso nome di un piatto della tradizione araba). Se al sud, ad esempio, per cucinare si usa soprattutto l'olio d'oliva (quella degli olivi è una coltivazione tradizionale sotto la pianura padana), mentre al nord si dà la preferenza al burro (condimento più grasso, quindi più adatto ai climi freddi), dipende allora da moltissimi fattori intrecciati tra loro. Come, d'altro canto, è facile trovare piatti ricorrenti nelle diverse tradizioni regionali, più o meno simili per ingredienti e preparazione, ma con qualche varietà apportata dalla fantasia locale e dalla disponibilità di prodotti particolari nell'agricoltura o negli allevamenti del territorio. Per avere un'idea del rapporto tra somiglianze e differenze nella nostra tradizione gastronomica è sufficiente pensare alla pasta. È l'alimento simbolo della cucina italiana, ma ogni regione conosce i suoi tipi particolari di pasta (distinti per foggia e tipo di impasto) e tanti modi diversi di prepararne i condimenti.

Un gusto nazionale

La storia della cucina nel nostro paese è quindi ricca di influenze e assorbimenti da tradizioni straniere (ma bisogna dire che queste influenze sono state reciproche), e altrettanto ricca di sopravvivenze locali, di isole regionali gelosamente impegnate a salvaguardare tradizioni e sapori altrimenti destinati a scomparire col passare del tempo (si pensi alle vicende del farro, un farinaceo oggi protagonista delle nostre zuppe e riscoperto dai dietologi come alimento sano e nutriente, ma per lunghissimi anni considerato in tutta Italia mangime per il bestiame, e utilizzato in cucina quasi esclusivamente in qualche regione montuosa, come la Garfagnana in Toscana).

Secondo alcuni storici della gastronomia, l'inizio del processo di unificazione nazionale dell'arte della cucina ha in Italia una data precisa, il 1891, quando un banchiere in pensione, romagnolo di nascita ma residente a Firenze, Pellegrino Artusi, dette alle stampe il suo *La scienza in cucina ovvero l'arte di mangiar bene,* considerato il primo libro di gastronomia italiano in senso moderno. Il libro dell'Artusi, pochi anni dopo l'unificazione politica del paese, amalgamava le infinite tradizioni locali ed elaborava una sorta di mediazione tra abitudini e sapori su cui costruire un gusto unitario per l'alimentazione (è sorprendente quanto la sfortuna o la fortuna di certi cibi sulle nostre tavole debbano alle pagine della *Scienza in cucina*). Oggi, parlando di cucina italiana, pur nel rispetto della varietà (non solo della tradizione ma anche delle innovazioni – perché la cucina, come si è detto, è l'arte della fantasia), dobbiamo sempre ricordare alcuni componenti di base che costituiscono una sorta di premessa indispensabile su cui orchestrare la sinfonia delle variazioni possibili.

Qualche elemento fondamentale

Vediamo quindi quali sono quegli elementi la cui presenza in cucina caratterizza un pranzo come 'tipicamente' italiano.

L'olio

L'olio d'oliva (quello extra vergine ottenuto con la prima spremitura delle olive) si è ormai affermato come il condimento per eccellenza, e la base di quasi tutti i piatti della nostra cucina. Ma non è sempre stato così. Nella "civiltà dei fondi di cottura" (per usare una espressione francese) la dorsale appenninica tosco-romagnola divideva la penisola in due aree; quella centro-meridionale (ma anche la Liguria) era la zona di coltivazione dell'olivo, e vedeva dominare i suoi prodotti sulle tavole e nelle cucine; l'area settentrionale privilegiava soprattutto il burro, mentre nell'Emilia Romagna si condiva con il grasso di maiale (ancora oggi in Romagna continua l'abitudine di insaporire il radicchio col grasso di maiale rosolato nell'aceto).

L'olio, in queste ultime regioni, non era certo sconosciuto, ma la sua produzione era destinata soprattutto ai rituali liturgici – e infatti si comincia a incontrarlo, nell'alto Medioevo, nelle diete degli ecclesiastici più ricchi.

Progressivamente però l'olio di oliva si è imposto tra i molti condimenti, per le sue qualità di sapore e leggerezza, ed è ormai utilizzato indifferentemente su tutto il territorio nazionale. Le caratteristiche del clima e

del terreno hanno determinato una grande varietà di sapori dell'olio italiano, come si può sperimentare assaggiando ad esempio un olio d'oliva ligure, toscano o pugliese.

La pasta

La pasta è l'alimento principe dei nostri primi piatti, protagonista sia delle minestre che delle pastasciutte – tanto che il "piatto di spaghetti" è il simbolo per eccellenza della cucina italiana, se non dell'Italia tout-court. Eppure la sua affermazione tanto massiccia su tutto il territorio nazionale è un fenomeno relativamente recente. Tenacissima è stata l'usanza di aprire i pranzi con zuppe di legumi o cereali.

Si è ormai convenuto di individuare nella Cina la terra di origine della pasta, mentre Genova e Napoli si contendono il primato della sua importazione in Italia, e della "invenzione" degli spaghetti (non a caso, due città di mare, di commerci e di scambi). Le prime tracce di una preparazione delle paste alimentari nel nostro paese risalgono all'alto Medioevo, più o meno al XIII secolo, ma la loro affermazione come protagoniste della dieta nazionale è stata, come si è detto, lentissima (anche i "maccheroni" che si incontrano in tanti menù di corte di epoca rinascimentale non erano la pasta corta e scanalata che conosciamo oggi, ma una sorta di gnocchi fatti di pane raffermo).

Ogni regione ha sviluppato i suoi tipi di pasta caratteristici, specialmente di pasta fresca (vedremo nel corso del libro le differenze tra la pasta fresca e quella secca), differenti per dimensioni di taglia e varietà di impasto.

Ma la base comune di tutti gli impasti è il semolino di grani duri amalgamato con l'acqua. Analogamente, in tutte le regioni si incontrano sughi e tipi di cottura caratteristici.

Il riso

Viene utilizzato in quasi tutte le cucine regionali, poiché si presta ad usi svariati e si armonizza con sapori molto diversi tra loro. Se al nord si incontra prevalentemente nei primi piatti (i famosi risotti), al sud è invece la base per pasticci e supplì – per non parlare del suo impiego nei dolci e nei ripieni delle carni farcite.

Il riso, le cui origini sono da ricercare molto probabilmente in India, viene introdotto in Italia verso la metà del XIV secolo, a Napoli durante la dominazione Aragonese. Si diffuse immediatamente sulla tavola delle corti rinascimentali, e si conoscono tentativi di coltura a Pisa, a Ferrara e, finalmente, in Lombardia. È nel quadrilatero tra Lombardia e Piemonte, Pavese-Lomellina-Vercellese-Novarese, che infatti ancora oggi si hanno le principali coltivazioni di riso arborio, la qualità più comune sulle nostre tavole.

Il brodo

Il brodo si usa per le minestre, certamente, e si può bere anche da solo come energetico e corroborante (i ricordi dei viaggiatori settecenteschi sono pieni di tazze di brodo caldo bevute durante le soste nelle locande lungo la strada, per ritemprarsi dai disagi delle carrozze o dagli incidenti del clima). È un alimento antichissimo, proprio per la sua semplicità, dato che per preparare un buon brodo servono soltanto pochi ingredienti di base, dosati e cucinati con un po' di accortezza. Ma il brodo è anche un'ingrediente

indispensabile in cucina, per allungare durante la cottura risotti e brasati, o per evitare che gli arrosti si asciughino troppo. E con la ricchezza dei suoi aromi, rende il gusto di questi piatti particolarmente vivace.

Oggi si è diffusa, per comodità, l'abitudine di utilizzare dadi confezionati per la preparazione del brodo. Ma chi ha tempo lo faccia seguendo le ricette 'della nonna'. Il gusto ne guadagnerà.

Una cucina sana

Il contadino Bertoldo, accolto per la sua arguzia a vivere alla corte longobarda del Re Alboino (nella novella *Astuzie sottilissime di Bertoldo* ovviamente, scritta dal bolognese Giulio Cesare Croce alla fine del Cinquecento), 'avvelenato' dai delicati e laboriosi pasticci gastronomici della tavola reale, "morì con aspri duoli / per non poter mangiar rape e fagioli". È una invenzione letteraria, certo, che ci diverte con la sua comicità grottesca; ma esprime anche – in maniera paradossale – quella che i dietologi odierni hanno ormai riconosciuto come una verità scientificamente dimostrata. I principali componenti della cucina italiana, oltre ad essere gustosi, fanno anche molto bene alla salute. I carboidrati della pasta, le vitamine e i minerali delle verdure e del pesce fresco, l'olio d'oliva, sono estremamente nutrienti ed energetici, e poveri di grassi saturi, quelli considerati più dannosi per l'organismo. Altrettanto salutare è poi l'abitudine di alternare pietanze di carne (dannose per l'apparato digerente se consumate in eccesso) a pietanze a base di verdure o di uova. Lo stile alimentare italiano si rivela quindi una felice combinazione di piacere della gola ed equilibrio nutritivo, e chi lo adotta non rischia così di fare la fine del povero Bertoldo!

Il vino

Un buon pasto, nel rispetto della tradizione, non può che essere accompagnato da un bicchiere di vino. Bianco o rosso, regolandosi sulle portate che compongono il menù (un abbinamento, quello tra cibo e vino, che molti considerano complicato, quasi una misteriosa operazione alchemica, ma che in realtà – se non si esige di cimentarsi in ardimentose selezioni da sommelier – risponde a poche indicazioni facilmente praticabili, che più avanti proveremo a elencare). Del resto, la produzione e il consumo di vino sono tra le testimonianze più antiche della civiltà occidentale, tanto che qualche storico le ha considerate uno dei suoi principali elementi distintivi – spingendosi a caratterizzarla come "civiltà del vino".

Del vino si hanno notizie presso gli Egiziani, gli Ebrei (che ne attribuivano la scoperta a Noé) e i Fenici, che lo commerciavano sui mercati di Tiro. I Greci lo usavano addirittura come moneta di scambio nel commercio degli schiavi, mentre i poeti ne cantavano le lodi. Proseguendo lungo l'età Romana e poi il Medioevo e il Rinascimento, la cultura della vite e del vino non è mai scomparsa dal bacino del Mediterraneo – bevanda e quasi alimento insostituibile sulle tavole, certo, ma anche simbolo religioso e inesauribile ispiratore di arte e poesia. Non sorprende quindi scoprire che il primo intervento legislativo teso a disciplinare i principi della produzione vinicola si incontra proprio in Italia, in Toscana, con il bando dei Medici del 1716 (prova ulteriore della importanza che la cultura del vino ha sempre assunto nel complesso della vita italiana, dove le caratteristiche della tavola hanno un legame tanto particolare con tutti gli aspetti della vita sociale).

Le qualità del vino dipendono prima di tutto dal tipo dei vitigni impiegati per la coltivazione dell'uva. È l'Italia, che ha dato inizio alla viticultura moderna in Europa, il paese dove si incontra la più ampia diversificazione di colture vinicole, e questo spiega la grande quantità di vini (tra bianchi, rosati e rossi) che è possibile assaggiare attraversando la penisola da nord a sud. Se infatti alcune aree, come il Veneto, il Piemonte o la Toscana, sono considerate in tutto il mondo le zone principe della produzione di vino italiana, in realtà ogni regione ha i suoi prodotti caratteristici, ben degni di essere conosciuti e apprezzati. È impossibile dare l'elenco di tutti i vini prodotti nel nostro paese (in virtù anche della già ricordata ricchezza di vitigni), ma sarebbe imperdonabile non ricordarne almeno alcuni, che compongono l'aristocrazia vinicola nazionale. Rossi come i piemontesi Barbaresco e Barbera, il Gattinara lombardo, l'Amarone e il Recioto veneti, il Chianti toscano (per non parlare del pregiatissimo Brunello di Montalcino, anche questo toscano); oppure bianchi come il lombardo Franciacorta, i Pinot, il Soave e i Prosecchi dell'area veneta, il Verdicchio marchigiano, sono ormai conosciuti in tutto il mondo come veri e propri simboli della "civiltà del bere". Scendendo verso sud, si trovano vini a più alta gradazione alcoolica, per il clima assolato nel quale maturano le uve meridionali, come il Greco (in Campania) o il Cirò (in Calabria), che talvolta (è il caso del pugliese Primitivo) sono utilizzati come vini 'da taglio', miscelati a vini più deboli per aumentarne la gradazione. Fino ai vini liquorosi, di cui è ricca ad esempio la Sicilia con il Passito, la Malvasia, il Marsala (ma in questo campo non si deve dimenticare il Vinsanto toscano).

Come destreggiarsi in questa varietà, volendo abbinare cibo e vino in occasione di un pranzo importante – o anche solo ogni volta che ci sediamo a tavola? In realtà basta rispettare alcune indicazioni molto semplici per non sottoporre gli ospiti (e noi stessi) ad accoppiate di sapori stridenti – ricordando anche che queste accoppiate non devono tener conto solo della qualità e del colore del vino, ma anche degli anni di invecchiamento, che trascorrendo modificano i caratteri della bevanda.

Sugli antipasti si beve in genere un bianco asciutto – a meno che non siano particolarmente robusti, come i crostini di fegato (in questi casi è preferibile un rosso giovane, o un rosato). Sulle minestre sono indicati vini rosati e rossi, giovani e secchi. Per i primi piatti di pasta, si sceglie a seconda degli ingredienti del sugo: quindi rossi giovani sui sughi di carne e bianchi secchi sui condimenti di pesce. Sui secondi piatti di pesce, tenendo conto dei tipi di cottura, si bevono bianchi di buona gradazione alcoolica (sul pesce cotto alla brace, sui frutti di mare e sui crostacei), oppure delicati (sul pesce bollito). Sui piatti di carne, arrosto, brasata o stufata, si devono servire rossi asciutti e corposi, magari un po' invecchiati. Sui dolci, ovviamente, si servono di preferenza vini liquorosi.

È bene ricordare anche che gli esperti hanno stabilito una sorta di ordine nella successione dei vini da servire in tavola durante un pranzo – e allora bisognerà scegliere l'ordine delle portate tenendo conto anche di questo fattore (da questa successione di vini non si può sgarrare!).

La giusta sequenza di vini durante un pranzo è la seguente: vini bianchi leggeri, bianchi di gradazione alcoolica più alta, rosati, vini rossi giovani, vini rossi d'annata, vini liquorosi. Ricordando sempre che (lo diceva Leonardo da Vinci) è una grande fortuna per l'uomo nascere in una terra che produce buoni vini, perché predispone l'animo alla gentilezza e alla saggezza.

Gli strumenti del cuoco

"Non si esagera dicendo che la felicità e la pace cominciano dai paesi dove in cucina viene usato l'aglio."

Marcel Boulestin

È un momento di panico. Durante la preparazione di un piatto (magari nemmeno troppo elaborato), o al momento di servire in tavola, ci si rende conto all'improvviso di non avere a disposizione, fra tutti gli attrezzi da cucina, proprio quello che sarebbe in quel momento indispensabile e che non si era mai pensato di comprare. Non è superfluo quindi, in un libro come questo, indicare anche quali devono essere alcuni elementi per comporre una batteria da cucina funzionale. Del resto, così come gli ingredienti e i metodi di cottura, anche la strumentazione da cucina in qualche modo racconta e riflette le trasformazioni complessive della civiltà che la ha utilizzata e modificata nel corso dei secoli.
Ecco quindi alcuni degli strumenti che dovrete sempre tenere a portata di mano, e qualche consiglio sulle caratteristiche da valutare al momento dell'acquisto.

Colino
Conviene tenere in cucina almeno due colini. Uno grande, che servirà a scolare la pasta e le verdure lessate, e a lavare le verdure fresche; e uno piccolo, magari di maglia, per setacciare la farina, spolverare i dolci di zucchero vanigliato e filtrare le infusioni (the, tisane...).

Grattugia
Esistono diversi modelli di grattugia, le cui funzioni determinano la larghezza dei fori. Quelli piccoli servono per le spezie e le scorze, quelli più larghi per le verdure e il formaggio. Spesso le grattugie hanno anche una lama per affettare le verdure a striscie sottili. Molto pratiche sono quelle a più facce, una per ogni funzione.

Caraffa graduata
È importante, cucinando, non sbagliarsi sulle dosi dei liquidi. La caraffa graduata (che deve segnalare millilitri, centilitri, decilitri e litri) può rivelarsi quindi uno strumento essenziale da tenere a portata di mano, specialmente quando si preparano gli impasti per le pizze e la pasta fresca.

Spremiaglio
L'aglio schiacciato attraverso i piccoli fori di questo strumento sprigiona il suo aroma molto più che aggiungendo alla cottura gli spicchi interi. Inoltre, usando lo spremiaglio, si evita di toccare il bulbo, e quindi non rimane sulle dita l'odore caratteristico, che alla lunga può risultare fastidioso.

Taglierina per pasta
La particolare rotella affilata della taglierina per pasta permette di ritagliare le paste fresche o le fette di pizza senza sfrangiarne i bordi. Questo garantisce, quando si preparano paste ripiene, come i ravioli, di avere una chiusura più netta e precisa, che non si aprirà durante la cottura lasciando uscire il ripieno.

Spatola
La spatola è indispensabile durante le cotture al forno, per evitare che le pietanze si attacchino al fondo della teglia (il suo contenuto finirebbe per bruciarsi, diventando immangiabile), sollevandolo ogni tanto. Dato che dovrà essere utilizzata a temperature molto elevate, conviene usarne una di acciaio inossidabile.

Paletta
Una paletta a lama larga è utilissima per servire pizze e torte, purché sia abbastanza capiente da contenere tutta la fetta, evitando che si rompa mentre si porta dalla teglia al piatto.

Mestolo per la pasta
I denti di questo strumento facilitano la raccolta della pasta lunga (tagliatelle o spaghetti) da servire nei piatti senza farne scivolare via il sugo, mentre attraverso il foro centrale scolano i liquidi in eccesso.

Utensili speciali

Macchina per la pasta
Se avete l'abitudine di fare in casa la pasta fresca, la macchina per tirare la pasta renderà l'operazione più semplice. Tirando la pasta tra i rulli, dopo averne regolato lo spessore, otterrete delle sfoglie sottili e uniformi. Con gli accessori adatti, è anche possibile tagliare la pasta nelle forme desiderate mentre la stiamo tirando.

Mattarello
Il mattarello è uno strumento classico della cuoca italiana, il metodo più antico per tirare la pasta. È importante sceglierlo piuttosto pesante, perché il peso aiuta a rendere la sfoglia liscia e uniforme (in genere i mattarelli migliori sono di legno).
Per evitare che la pasta si attacchi al mattarello, conviene ogni tanto infarinarlo durante l'uso.

Stampino-vassoio per ravioli

Le dentellature sui bordi di ogni stampino danno ai ravioli la forma caratteristica. Si stende una sfoglia di pasta, si riempiono i buchi così formati con il preparato, si copre con un'altra sfoglia di pasta e si passa sopra tutto il mattarello. La pressione farà sì che la dentellatura ritagli i ravioli.

Stampino per ravioli

Stendendo due fogli di pasta farciti in mezzo con piccole dosi di ripieno, si possono poi ritagliare i ravioli uno per uno, premendo con lo stampino, che ha gli orli caratterizzati dalla dentellatura.

Ampolla per l'olio

Il beccuccio lungo e sottile aiuta a distribuire l'olio in maniera uniforme. Se scegliete un'ampolla di alluminio (invece che di vetro), prendetela piuttosto piccola, perché dopo l'uso non deve rimanerci dell'olio dentro. Se avanza, rimettetelo nella bottiglia: conservato nel metallo corroderebbe le pareti dell'ampolla e rovinerebbe il proprio sapore.

Minestre e antipasti

Zuppa di zucchine
con crostini al parmigiano

Una zuppa fresca, leggera e delicata. Si può fare in qualsiasi stagione, poiché le zucchine sono facilmente reperibili tutto l'anno.

40 g di burro
1 cipolla a fette
500 g di zucchine a rondelle sottili
1,2 litri di brodo di pollo
2 uova piccole
2 cucchiai di parmigiano grattugiato
1 cucchiaio di basilico o prezzemolo tritato
sale e pepe
crostini per guarnire

sciogliete il burro in una casseruola, unite la cipolla e soffriggete delicatamente per 5 minuti. Aggiungete le zucchine e soffriggetele per altri 5-10 minuti, mescolando spesso. Aggiungete il brodo di pollo, portate ad ebollizione, coprite e fate cuocere a fuoco lento per altri 20 minuti.

passate il tutto in un frullatore elettrico o in un passaverdure. Rimettete gli ingredienti nella casseruola e riportate ad ebollizione.

lavorate insieme le uova, il formaggio e le erbe in una zuppiera preriscaldata, quindi versateci poco alla volta la zuppa bollente. Regolate sale e pepe e distribuite nelle singole scodelle.

guarnite con crostini, aggiungete un filo di olio extravergine di oliva crudo e servite immediatamente.

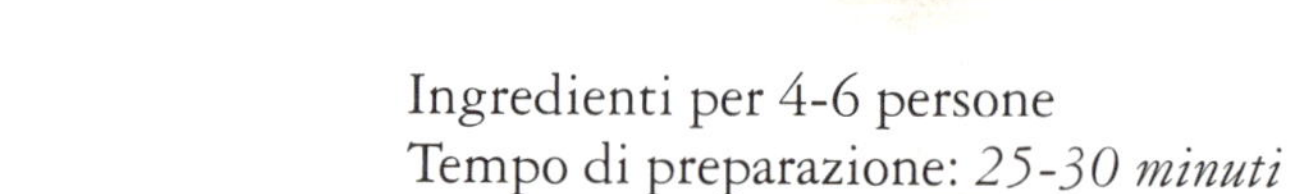

Ingredienti per 4-6 persone
Tempo di preparazione: *25-30 minuti*
Tempo di cottura: *20 minuti*

Per preparare i crostini, tagliate una baguette in rondelle di circa 5 mm di spessore e tostatele su un lato. Spalmate di burro la parte non tostata, cospargete abbondantemente di formaggio grattugiato e passate i crostini al grill già caldo finché non saranno dorati e il formaggio non avrà iniziato a fondere.

Minestrone *alla contadina*

Una delle minestre più apprezzate, un piatto genuino della tradizione contadina, tanto sostanzioso da costituire da solo un pasto completo.

125 g di fagioli cannellini
3 cucchiai di olio
2 cipolle tritate
2 spicchi d'aglio schiacciati
2-3 fette di pancetta senza cotenna, a pezzettini
1,8 litri d'acqua
1 cucchiaino di maggiorana fresca tritata
mezzo cucchiaino di timo fresco tritato
4 pomodori pelati (si veda qui sotto), senza semi e a pezzettoni
2 carote a dadini
2 patate a dadini
1 rapa piccola a dadini
1-2 gambi di sedano
250 g di verza
50 g di pasta piccola
3 cucchiai di parmigiano grattugiato, più del parmigiano extra da mettere in tavola
sale e pepe macinato fresco

Per guarnire

1 cucchiaino di prezzemolo fresco tritato
un rametto di timo fresco, per guarnire

mettete i fagioli cannellini in una ciotola grande e copriteli con acqua. Lasciateli a bagno per 8 ore o per una notte. Scolate i fagioli e sciacquateli sotto l'acqua fredda corrente.

scaldate l'olio in una casseruola grande, poi aggiungete le cipolle, l'aglio e la pancetta. Soffriggeteli leggermente in padella per circa 5 minuti, mescolando di quando in quando, finché le cipolle non saranno dorate.

aggiungete i fagioli, l'acqua, le erbe e i pomodori, coprire e fate cuocere a fuoco lento per 2 ore. Unite le carote e cuocete, sempre lentamente, per altri 10 minuti. Quindi aggiungete, sempre mescolando, le patate e la rapa e continuate a cuocere per 10 minuti.

sminuzzate il sedano e la verza. Unite il tutto alla minestra con la pasta piccola e cuocete per 10 minuti, finché tutte le verdure non saranno tenere. Condite a piacere (meglio non esagerare con sale e pepe, perché la pancetta dà già abbastanza sapore). Aggiungete il parmigiano e mescolate, quindi versate nelle singole scodelle. Servite immediatamente, aggiungendo altro parmigiano e un filo di olio extravergine di oliva crudo; potrete guarnire con prezzemolo fresco e timo.

Ingredienti per 6 persone
Tempo di preparazione: *20 minuti, più una notte per lasciare a bagno i fagioli*
Tempo di cottura: *2 ore e mezzo*

Per pelare i pomodori, teneteli immersi in acqua bollente per 1-2 minuti, poi scolateli, incidetene le estremità a forma di croce e togliete la buccia.

Minestra di fagioli e prosciutto affumicato *profumata all'aglio*

375 g di borlotti o cannellini essiccati
1 carota sminuzzata
1 cipolla tritata
aromi misti (prezzemolo, timo e alloro)
125 g di prosciutto affumicato a dadini
2 scalogni tritati finemente
1 spicchio d'aglio schiacciato
40 g di burro
1 cucchiaio di prezzemolo tritato
sale e pepe nero macinato fresco
mezzo cucchiaio di prezzemolo tritato per guarnire
125 g di crostini per accompagnare

lasciate a bagno i fagioli in acqua fredda per una notte. Quindi scolateli e metteteli in una pentola con 2 litri d'acqua leggermente salata; portate ad ebollizione su un fuoco medio. Aggiungete le carote, la cipolla, gli aromi misti e il prosciutto. Fate cuocere a fuoco lento per circa due ore, finché i fagioli non saranno teneri.

mettete la minestra in un frullatore o in un tritatutto, togliendo prima gli aromi misti. Rimettete poi la passata nella pentola e riscaldate a fuoco medio.

soffriggete lo scalogno e l'aglio nel burro in una casseruola col fondo pesante; quando saranno dorati, unite il prezzemolo tritato e mescolate velocemente. Spegnete il fuoco e aggiungete il tutto alla passata di fagioli.

mescolate con un cucchiaio di legno, aggiungete una spruzzata di pepe e il resto del prezzemolo, versate poi nelle singole scodelle accompagnando con un filo di olio extravergine di oliva crudo. Servite i crostini separatamente.

Ingredienti per 4 persone
Tempo di preparazione: *30 minuti, più una notte per tenere a bagno i fagioli*
Tempo di cottura: *2 ore*

Salumi e insaccati

Prosciutto di Parma
Quella di Parma è forse la varietà di prosciutto più conosciuta, ma molte zone d'Italia producono saporiti prosciutti tipici. Il prosciutto è la coscia posteriore del maiale, trattata e sottoposta ad un lungo processo di stagionatura. La carne è di colore rosa, striata da grasso bianco. Quando si serve come antipasto, può essere accompagnato da melone o fichi.

Pancetta
La pancetta è la parte del maiale corrispondente alla pancia, condita con spezie, sale e pepe. La pancetta viene poi arrotolata a forma di salsiccia e affettata finemente. Spesso viene anche tagliata a cubetti e fritta con aglio e cipolla. Si usa molto in cucina per insaporire sughi e verdure.

Insaccati freschi
Gli insaccati freschi vengono preparati di forme e dimensioni differenti; possono essere fatti col solo maiale o con un insieme di carni, speziate con aglio, pepe, finocchio e vino (le salamelle e lo zampone sono esempi tipici di questa salumeria). In genere vengono cotti interi e serviti con insalata di patate, legumi o verdure.

La mortadella
La mortadella è un salume leggermente affumicato, che può essere fatto di solo maiale o di un impasto di carni. Talvolta viene insaporita col prezzemolo e guarnita con olive e pistacchi. Si mangia fredda, in panini o accompagnata da insalate.

Bocconcini
I bocconcini sono salamini delle dimensioni di una salsiccia. Sono di maiale crudo o di altra carne rossa insaporita con pezzetti di grasso e spezie (ottimi sono quelli preparati con la cacciagione). I bocconcini dovrebbero essere affettati molto finemente e usati per panini e per accompagnare insalate.

Bresaola
La bresaola è un prodotto di manzo crudo e salato di alta qualità, sottoposta a un processo di stagionatura lungo e laborioso. Viene servita come antipasto in fette molto sottili, ed è ottima condita con olio d'oliva, succo di limone e pepe, magari accompagnata da rucola e scaglie di parmigiano.

Salame di Ferrara
Il salame di Ferrara è una delle più pregiate tra le innumerevoli varietà regionali di affettati. È un insaccato grande di carne di maiale cruda, condito con aglio e pepe. Si serve a fette come antipasto, ma va anche bene per fare panini e per accompagnare insalate.

Spianata romana
La spianata romana è una specialità della campagna intorno alla capitale. È un salume grande e ovale, dall'aspetto caratteristico e dal gusto delicato, insaporita con grossi pezzi di grasso di maiale e grani di pepe.

Minestra di fagioli *e vermicelli*

Una nutriente minestra contadina adatta alle fredde sere invernali.

250 g di fagioli borlotti o cannellini essiccati lasciati a bagno durante una notte
250 g di pancetta di maiale con cotenna
1 cipolla tritata finemente
1 carota tritata finemente
1 gambo di sedano tritato finemente
1 spicchio d'aglio schiacciato
3 ciuffi di prezzemolo sminuzzati
1 foglia di salvia tritata
1 foglia d'alloro
175 g di vermicelli, spaghetti o pasta lunga
2 cucchiai di olio d'oliva
sale e pepe nero macinato fresco

scolate i fagioli e metteteli in una casseruola grande con il maiale, la cipolla, la carota, il sedano, l'aglio, il prezzemolo, la salvia, la foglia d'alloro, ricoprendo d'acqua il tutto. Portate ad ebollizione, quindi abbassate la fiamma, coprite la casseruola e fate cuocere a fuoco lento per 2 ore, finché i fagioli non saranno teneri.

mettete una tazza di fagioli in un passatutto oppure passateli al setaccio. Condite a piacere con sale e pepe, rimettete la passata nella casseruola e riportate ad ebollizione.

aggiungete i vermicelli (sono adatti anche gli spaghetti o le tagliatelle) e fateli cuocere per circa 12 minuti.

togliete il maiale dalla minestra. Dopo aver eliminato la cotenna, tagliate la carne in piccoli pezzi. Poco prima di servire, versate un po' d'olio d'oliva nella minestra, aggiungete la carne di maiale, una bella manciata di pepe macinato fresco e mescolate bene. Versate in una zuppiera o nei singoli piatti da portata.

Ingredienti per 4-6 persone
Tempo di preparazione: *20 minuti*
più una notte per tenere a bagno i fagioli
Tempo di cottura: *2 ore e mezzo*

È una delle molte minestre che abbinano diversi tipi di fagioli essiccati a pasta o tagliatelle, le famose paste e fagioli delle trattorie tipiche.

Crostini all'aglio
con paté di fegato di pollo

Croccanti bocconcini dal gusto molto particolare, vengono generalmente serviti come antipasto nei pranzi delle grandi occasioni.

50 g di burro
1 cipolla piccola finemente tritata
1-2 spicchi d'aglio schiacciati
250 g di fegatini di pollo privi di tutti i nervi
2 filetti d'acciuga
1 cucchiaio di panna
2-3 cucchiai di Marsala
un pizzico di paprika
una baguette piccola tagliata in circa 12 fette diagonali di circa un centimetro di spessore
olio d'oliva per friggere
2-3 spicchi d'aglio in più, tagliati a metà
sale e pepe
1 cucchiaio di prezzemolo tritato da mettere in tavola
un po' di paprika per guarnire (facoltativa)

sciogliete il burro in una padella e soffriggete la cipolla e l'aglio finché non prendano colore. Aggiungete i fegatini di pollo e cuocete a fuoco basso per circa 10 minuti, quindi aggiungete i filetti d'acciuga.

passate il tutto in un tritacarne o nel frullatore per ottenere un paté, aggiungendo la necessaria quantità di panna liquida e Marsala fino a che non avrete raggiunto una consistenza cremosa e spalmabile. Insaporite con la paprika e condite a piacere. Tenete in caldo.

friggete le fette di pane in olio d'oliva fino a che diventeranno dorate su entrambi i lati. Strofinate l'aglio su ogni fetta (su entrambi i lati) e spalmateci sopra il paté di fegatini.

cospargete le fette con un po' di prezzemolo e paprika prima di servire. Serviteli caldi.

Ingredienti per 4 persone
Tempo di preparazione: *20 minuti*
Tempo di cottura: *20-30 minuti*

Invece di friggere il pane, potete strofinare l'aglio su ogni fetta, poi immergerle per un attimo in olio d'oliva, metterle su una teglia e passarle in forno già caldo a 230° per circa 12-15 minuti, fino a che non diventino dorate. Girate le fette un paio di volte durante la cottura così che si tostino su entrambi i lati.

Antipasto di verdure
con porri e peperoni

Un antipasto molto gustoso, che combina il sapore dei peperoni affumicati alla griglia con quello pungente dei porri. Le verdure fresche sono molto usate nei nuovi tipi di cucina che propongono un'alimentazione sana.

Per l'insalata di peperoni

4 peperoni rossi, verdi e gialli
4 cucchiai di olio d'oliva
1 cucchiaio di prezzemolo fresco tritato
2 spicchi d'aglio schiacciato o sminuzzato
sale marino macinato fresco

Per i porri in agrodolce

500 g di porri sottili, lavati e spuntati
6 cucchiai di olio d'oliva
1 cucchiaio di succo di limone
2 cucchiai di aceto di vino o balsamico
2 spicchi d'aglio schiacciati
sale marino e pepe nero macinato fresco

mettete i peperoni sotto il grill caldo e cuoceteli fino a che non diventino abbrustoliti e la buccia non inizi a staccarsi (girateli di quando in quando per cuocerli in modo uniforme su entrambi i lati). A quel punto toglieteli dal forno e, una volta raffreddati, pelateli.

tagliate i peperoni e togliete i semi. Fate la polpa a striscioline e sistematele sul piatto da portata. Conditeli con olio d'oliva, prezzemolo e aglio, e spolverate con una manciata di sale marino.

mettete i porri in una grande casseruola d'acqua leggermente salata e bollente; lessateli per 10 minuti circa fino a che non saranno diventati teneri. Scolateli bene con un colino e metteteli nel piatto da portata.

preparate la salsa agrodolce: mescolate bene l'olio d'oliva, il succo di limone, l'aglio e il condimento fino a che non siano perfettamente amalgamati. Versate la salsa sui porri e serviteli (caldi o freddi) con l'insalata di peperoni e qualche fetta di ciabatta (o un altro tipo di pane croccante).

Ingredienti per 4-6 persone
Tempo di preparazione: *30 minuti*
Tempo di cottura: *15 minuti*

Prosciutto di Parma
con fichi o melone

Il gusto delicato del prosciutto di Parma si sposa perfettamente al gusto dei fichi freschi o del melone.

8 fichi maturi (o un melone dolce maturo, fresco)
4 fette di prosciutto di Parma (o qualsiasi prosciutto affumicato)
pepe nero macinato fresco da mettere in tavola

Variazione

1 melone dolce maturo, fresco
4 fette di prosciutto di Parma (o prosciutto affumicato)
pepe nero macinato fresco, da mettere in tavola

dividete i fichi in quattro parti.

sistemate il prosciutto su piatti individuali e metteteci sopra i fichi. Servite con il pepe nero macinato fresco.

Oppure

tagliate il melone a fette e togliete i semi.

avvolgete il melone con le fette di prosciutto. Servite con pepe nero macinato fresco.

Ingredienti per 4 persone
Tempo di preparazione: *10 minuti*

Questo antipasto non richiede preparazione in cucina, e proprio per la sua semplicità è quindi importante che gli ingredienti siano di qualità ottima. Il melone deve essere di una specie molto fragrante, come il Galia o il Charentais. Esiste anche una vasta scelta di prosciutti affumicati, oltre al Parma che è il più famoso. Anche la coppa (cotta e cruda) può essere adatta.

Cipolla appetitosa
con pane all'olio

Certi tipi di pane come la ciabatta e la focaccia sono fatti con l'olio d'oliva e questo li rende un accompagnamento perfetto per l'aroma caratteristico di questo piatto.

750 g di cipolle a fette
2 cucchiai di olio d'oliva
125 g di pancetta sminuzzata
qualche foglia di basilico tritata
375 g di pomodori pelati e passati
3 uova sbattute
75 g di parmigiano grattugiato
4 fette di pane all'olio d'oliva - come la ciabatta o la focaccia - tostato
sale e pepe
qualche foglia di basilico tritata per guarnire

mettete le cipolle in una ciotola, copritele con acqua fredda e lasciatele riposare tutta la notte.

riscaldate in una padella grande dal fondo pesante l'olio con la pancetta e soffriggete fino a che questa non diventi dorata. Scolate bene le cipolle, quindi mettetele nella padella con il basilico, e sale e pepe a piacere. Soffriggete a fuoco basso per circa 20 minuti, mescolando di tanto in tanto.

aggiungete i pomodori, chiudete con un coperchio e abbassate la fiamma, cuocendo a fuoco lento per 10 minuti. Assaggiate e regolate sale e pepe. Sbattete le uova col parmigiano, poi versatele nella padella. Toglietele subito dal fuoco e mescolate con forza.

mettete una fetta di pane tostato caldo in ogni ciotola, poi versateci sopra la cipolla calda. Servite subito, guarnendo con il basilico.

Ingredienti per 4 persone
Tempo di preparazione: *20 minuti più una notte per lasciare a bagno le cipolle*
Tempo di cottura: *30 minuti*

Se preferite, potete fare da soli il vostro pane all'olio d'oliva (si veda a pag 248-250). Questo piatto è un ottimo modo per utilizzare il pane raffermo.

Pesce e frutti di mare

Sardine fresche
con pinoli e acciughe

75-100 ml di olio d'oliva
250 g di pangrattato fresco
40 g di uva sultanina, tenuta a bagno in acqua calda, poi scolata
40 g di pinoli
1 cucchiaio di prezzemolo tritato
40 g di acciughe in scatola, scolate e sminuzzate
un pizzico di noce moscata
750 g di sardine senza testa né lisca
circa 12 foglie d'alloro
4 cucchiai di succo di limone
sale e pepe

Per guarnire
Spicchi di limone

riscaldate 4-5 cucchiai di olio d'oliva in una padella per friggere; friggete quindi la metà del pangrattato a fuoco medio, mescolando frequentemente con una spatola di metallo fino a che il pane non si sarà dorato.

togliete dal fuoco e aggiungete l'uvetta, i pinoli, il prezzemolo e la noce moscata, regolando sale e pepe.

farcite con questo composto le sardine, che avrete aperto nel senso della lunghezza. Sistematele quindi in fila su una pirofila da forno. Tra una sardina e l'altra, mettete mezza foglia di alloro.

cospargete con il restante pangrattato e con l'olio e passate in forno già caldo a 180° per 30 minuti. Poco prima di servire, spremete sopra le sardine il succo di un limone. Servite molto caldo, guarnito con spicchi di limone.

Ingredienti per 4 persone
Tempo di preparazione: *30-35 minuti*
Tempo di cottura: *40-50 minuti*
Temperatura del forno: *180°*

Se non trovate le sardine fresche, al loro posto potrete usare anche spratti o piccole aringhe.

Calamaretti
con spinaci e pomodori

2-3 cucchiai di olio d'oliva
1 cipolla tritata
1-2 spicchi d'aglio schiacciati
1 peperoncino fresco a pezzettini
1 gambo di sedano sminuzzato
2 cucchiai di prezzemolo tritato, più dell'altro prezzemolo per guarnire
600 g di calamaretti, puliti e tagliati a rondelle di 1 centimetro di spessore
100 g di funghi, tagliati grossolanamente
375 g di pomodori grandi pelati, senza semi e tagliati a pezzetti
500 g di spinaci freschi sminuzzati
300 ml di vino bianco secco
sale e pepe

riscaldate l'olio in una padella grande con le cipolle, l'aglio, il peperoncino e il sedano; soffriggete a fuoco lento fino a che la cipolla non diventi dorata.

aggiungete il prezzemolo e i calamaretti e cuocete lentamente per altri 10 minuti. Mescolando continuamente, aggiungete poi i funghi, i pomodori, gli spinaci e il vino bianco. Condite a piacere con sale e pepe.

coprite e cuocete a fuoco molto lento per circa 30 minuti, fino a che i calamaretti non saranno quasi cotti; togliete quindi il coperchio e continuate a cuocere lentamente fino a che la salsa non diventi densa e i calamaretti non siano teneri.

aggiustate di sale e pepe e versate in un piatto da portata riscaldato. Servite caldo, guarnendo con il prezzemolo rimasto.

Ingredienti per 4 persone
Tempo di preparazione: *30-35 minuti*
Tempo di cottura: *50-55 minuti*

I calamari devono essere puliti prima di cucinarli (se non li trovate in vendita già pronti, il vostro pescivendolo li potrà pulire per voi). Devono cuocere molto lentamente, altrimenti risulteranno gommosi (il tempo di cottura dipenderà dalle dimensioni dei calamari). Questa ricetta riuscirà migliore se utilizzerete i calamaretti più piccoli.

Pesce allo zafferano
con peperoni dolci e pomodori

Un modo squisito per cucinare il pesce a polpa bianca soda, come il merluzzo.

Mezzo cucchiaino di rametti di zafferano
625 g di filetto di merluzzo o pesce bianco
3 cucchiai di olio
2 peperoni gialli dolci, mondati dai semi e tagliati a striscioline
2 pomodori a pezzettoni
1 cipolla piccola finemente tritata
1 spicchio d'aglio finemente tritato
1 cucchiaio di prezzemolo sminuzzato
sale e pepe
fette di polenta, per accompagnare (facoltativo)

mettete lo zafferano a bagno in un po' d'acqua calda.

tagliate i filetti di pesce a pezzetti più o meno uniformi.

riscaldate l'olio in una padella larga ma poco profonda, metteteci i filetti di pesce e cuoceteli a fuoco medio per qualche minuto, rigirandoli fino a che non diventino dorati.

regolate sale e pepe, togliete i filetti dall'olio e tenete in caldo.

mettete nella padella le verdure già preparate e cuocetele finché non diventino dorate. Aggiungete un pizzico di sale, abbassate la fiamma, coprite e fate cuocere a fuoco lento per circa 30 minuti.

aggiungete, a metà cottura, l'acqua aromatizzata allo zafferano.

quando le verdure saranno quasi cotte, aggiungete i pezzi di pesce e cospargeteli con il prezzemolo tritato.

servite ben caldo, magari accompagnato con fette di polenta calde.

Ingredienti per 4 persone
Tempo di preparazione: *10 minuti*
Tempo di cottura: *35 minuti*

Tonno fresco *con acciughe e funghi*

4-6 cucchiai di olio
2-3 spicchi d'aglio schiacciati
1 cipolla grande finemente tritata
150 g di funghi non ancora maturi, tagliati in quattro parti o a pezzettoni
6-8 filetti d'acciuga sminuzzati
2 cucchiai di prezzemolo tritato
300 ml di vino bianco secco
pepe
un pizzico di noce moscata
4 tranci di tonno da 150-225 g, spessi circa 1 centimetro

riscaldate l'olio in una padella e soffriggete l'aglio e la cipolla fino a che saranno leggermente dorati. Unite i funghi e cuocete per circa 2-3 minuti, aggiungete quindi le acciughe e il prezzemolo, mescolando il tutto con cura.

aggiungete il vino, portate ad ebollizione mescolando continuamente, poi fate cuocere a fuoco lento per 5-7 minuti.

condite con un po' di pepe e un pizzico di noce moscata. Non dovrebbe esserci bisogno di sale, perché le acciughe sono già saporite.

mettete i tranci di tonno in una pirofila e conditeli con la salsa.

coprite e passate in forno già caldo a 190° per circa 40-45 minuti. Servite molto caldo.

Ingredienti per 4 persone
Tempo di preparazione: *15-20 minuti*
Tempo di cottura: *55-60 minuti*
Temperatura del forno: *190°*

Al posto dei tranci di tonno, è possibile usare tranci di pesce spada.

Tranci di pesce
con salsa di pomodoro e aglio

4 tranci di pesce da 150 g, come la spigola o la rana pescatrice
3 cucchiai d'olio d'oliva

Marinata
5 cucchiai di olio d'oliva
il succo di mezzo limone
1 cucchiaio di prezzemolo fresco finemente tritato

Salsa di pomodoro
2 cucchiai di olio d'oliva
4 spicchi d'aglio sminuzzati
750 g di pomodori pelati a pezzettoni
4 filetti d'acciuga sminuzzati
sale e pepe nero macinato fresco
1 cucchiaio di origano per guarnire

lavate i tranci di pesce sotto acqua corrente fredda e asciugateli con carta da cucina assorbente. Mettete in un recipiente tutti gli ingredienti della marinata e mescolateli bene.

aggiungete i tranci di pesce bianco, rigirandoli fino a che non saranno completamente imbevuti d'olio. Coprite il recipiente e lasciate riposare in un luogo fresco per almeno 1 ora.

riscaldate l'olio d'oliva in una padella per friggere abbastanza grande. Togliete i tranci di pesce dalla marinata e friggeteli lentamente fino a che non saranno cotti e dorati su entrambi i lati, rigirandoli una volta durante la cottura. Togliete i tranci di pesce dalla padella e teneteli al caldo.

mentre i tranci di pesce si stanno cuocendo, preparate la salsa di pomodoro. Riscaldate l'olio d'oliva in una padella e saltate l'aglio fino a che non diventi appena dorato.

aggiungete i pomodori e le acciughe a pezzetti e cucinate a fuoco medio finché i pomodori non saranno diventati una salsa densa e polposa.

regolate sale e pepe, versate la salsa sul pesce e cospargete di origano.

Ingredienti per 4 persone
Tempo di preparazione: *15 minuti, più un'ora di marinatura*
Tempo di cottura: *15 minuti*

DENOMINAZIONE DI ORIGINE
SUPERIORE
PRODUCE OF ITALY

Sogliola al Marsala
con formaggio parmigiano

farina
4 sogliole di media misura, senza pelle
75 g di burro
25 g di parmigiano grattugiato
50 ml di brodo di pesce
3 cucchiai di Marsala o di vino bianco
sale e pepe nero macinato fresco

Per servire in tavola

parmigiano grattugiato
ciuffi di prezzemolo liscio
spicchi di limone

mettete un po' di farina in un recipiente basso e regolate sale e pepe. Infarinate leggermente la sogliola su entrambi i lati. Togliete la farina in eccesso.

riscaldate il burro in una padella per friggere abbastanza grande. Metteteci la sogliola infarinata e cuocete a fuoco lento fino a che non sarà diventata dorata su entrambi i lati, girandola una volta durante la cottura.

cospargete la sogliola di parmigiano grattugiato e cuocetela molto lentamente per altri 2-3 minuti facendo sciogliere il formaggio.

aggiungete il brodo di pesce e il Marsala (o il vino bianco). Coprite la padella e continuate a cuocere a fuoco lento per 4-5 minuti, fino a che la sogliola non sarà diventata tenera, e la salsa non si sarà ritirata. Servitela cosparsa di altro parmigiano grattugiato e guarnite con spicchi di limone.

Ingredienti per 4 persone
Tempo di preparazione: *5 minuti*
Tempo di cottura: *12 minuti*

Stufato di pesce alla siciliana *con olive nere*

La Sicilia abbonda di sardine, tonni, pesci spada, cefali e merluzzi. Alcuni piatti tipici dell'isola presentano quindi, come questo, un aroma che combina il sapore di molti pesci.

300 ml di cozze
75 ml di olio d'oliva
1 cipolla finemente tritata
2 spicchi d'aglio schiacciati
2 carote tagliate a striscioline
425 g di pomodori a pezzettoni
125 g di olive nere
1 foglia d'alloro
4 fette di pane bianco
1 kg di pesce misto (ad esempio pesce bianco, mulli, canestrelli, gamberi) tagliato a pezzi grandi
sale e pepe nero macinato fresco
2 cucchiai di prezzemolo fresco finemente tritato, per guarnire

preparate le cozze: copritele con acqua fredda, scartando quelle che sono già aperte e quelle che salgono in superficie. Pulitele bene per togliere qualsiasi incrostazione, togliete le barbette e lasciatele a bagno in acqua fredda fino a che non le dovrete cuocere.

riscaldate 2 cucchiai di olio d'oliva in una padella per friggere col fondo pesante; saltate la cipolla, l'aglio e le carote per circa 5 minuti. Unite i pomodori, le olive nere e la foglia d'alloro e regolate sale e pepe nero. Cuocete a fuoco lento per 15 minuti.

tagliate le quattro fette di pane dando loro una forma rotonda. Riscaldate l'olio che rimane in una piccola padella e friggete il pane fino a farlo diventare croccante e dorato su entrambi i lati. Togliete il pane dall'olio, asciugatelo con carta assorbente e tenetelo in caldo.

unite il pesce allo stufato e cuocetelo per 5 minuti. Aggiungete le cozze e cuocete a fuoco lento per altri 10 minuti, fino a che i gusci non si saranno aperti, scartando quelle che non si apriranno. Togliete anche la foglia d'alloro. Mettete una fetta di pane fritto in ogni piatto fondo riscaldato o nelle speciali scodelle basse e larghe, e copritela con lo stufato di pesce. Cospargete di prezzemolo tritato e servite immediatamente con pane croccante in abbondanza.

Ingredienti per 4 persone
Tempo di preparazione: *30 minuti*
Tempo di cottura: *35 minuti*

Gamberoni
in salsa di panna e mostarda

Utilizzando i gamberoni migliori e dell'ottima grappa, questo è un piatto adatto alle grandi occasioni.

50 g di burro
24 gamberoni crudi sgusciati
2 cucchiai di grappa
225 ml di panna da cucina
2-3 cucchiaini di mostarda francese
sale e pepe bianco

Per guarnire

1 cucchiaio di prezzemolo tritato
spicchi di limone

sciogliete il burro in una padella e cuocete i gamberoni per qualche minuto. Scaldate intanto la grappa, versatela sui gamberi e fiammeggiateli.

quando la fiamma si sarà spenta, aggiungete la panna da cucina. Regolate sale, pepe e mostarda.

fate cuocere a fuoco lento per 4-5 minuti, fino a che i gamberoni non saranno teneri (badate a non farli diventare duri).

versate il tutto in un piatto da portata preriscaldato e cospargete di prezzemolo prima di servire, accompagnando magari con del riso bollito.

Ingredienti per 4 persone
Tempo di preparazione: *15 minuti*
Tempo di cottura: *12-15 minuti*

Per questa ricetta, potete anche usare 500 g di gamberetti sgusciati. Riscaldate i gamberetti nel burro, bagnateli con la grappa e fiammeggiate; quindi versate sopra la panna e condite a piacimento con la mostarda, il sale e il pepe. Servite immediatamente.

Frittura mista
di pesce fresco

Le acque dell'Adriatico offrono una straordinaria varietà di pesce, e quando i pescatori trovano nelle loro reti solo pochi esemplari per ogni tipo, preferiscono friggerli tutti insieme.

125-175 g di calamari a rondelle
125-175 g di bianchetti
125-175 g di gamberi grandi
125-175 g di filetti di platessa senza pelle, tagliati a striscioline di un centimetro di spessore
125 g di farina
sale e pepe
olio per friggere

Per guarnire

1-2 limoni, a fette o in quattro parti
qualche ciuffo di prezzemolo

lavate il pesce e asciugatelo bene con la carta da cucina assorbente.

riscaldate l'olio in una padella per friggere fino a che non avrà raggiunto all'incirca 180° (ve ne accorgerete perché un cubetto di pane si dorerà in 30 secondi).

mettete il pesce, un po' alla volta, nella farina e poi friggetelo finché non diventi dorato.

asciugatelo bene con della carta da cucina assorbente, mettetelo in un piatto da portata preriscaldato e tenetelo in caldo.

cospargete leggermente il pesce col sale; poco prima di servire, guarnite il piatto con limone e prezzemolo.

Ingredienti per 4 persone
Tempo di preparazione: *30-40 minuti*
Tempo di cottura: *15-20 minuti*

Qualsiasi tipo di pesce piccolo o fatto a pezzetti può essere utilizzato per questo piatto; ottimi sono comunque canestrelli grandi, pezzetti di razza o di rana pescatrice, gamberetti sgusciati.

Cozze al forno
con aglio e parmigiano

Se il vostro pescivendolo ha delle buone cozze fresche, provate questa ricetta.

1 kg di cozze
aromi misti (prezzemolo, timo, alloro)
125 ml di acqua
125 ml di vino bianco secco
2 cucchiai di scalogno finemente tritato
1 spicchio d'aglio schiacciato
2 cucchiai di prezzemolo fresco sminuzzato
75 g di pangrattato fresco
3 cucchiai di parmigiano grattugiato
25 g di burro
sale e pepe nero macinato fresco

preparate le cozze: mettetele in un recipiente e copritele con acqua fredda. Scartate quelle già aperte e quelle che vengono a galla. Pulitele bene per togliere qualsiasi incrostazione e togliete le barbe. Lasciate a bagno in acqua fredda finché non le dovrete cuocere. Scolatele bene.

mettete le cozze in una casseruola alta con gli aromi misti, il sale e il pepe. Aggiungete l'acqua e il vino, coprite con un coperchio e lasciate cuocere a fuoco medio fino a che le cozze non si apriranno, agitando la pentola di tanto in tanto. Scartate le cozze che non si saranno aperte, quindi scolatele e mettete da parte il liquido di cottura.

togliete la metà vuota del guscio delle cozze e sistemate quelle che restano l'una vicina all'altra in una pirofila. Cospargetele con lo scalogno, l'aglio e il prezzemolo tritati, il pangrattato e il parmigiano.

ritirate della metà il liquido di cottura delle cozze facendolo bollire. Versatelo quindi intorno alle cozze e aggiungete qua e là fiocchetti di burro. Passate in forno già caldo a 180° per 15 minuti. Servite immediatamente.

Ingredienti per 4 persone
Tempo di preparazione: *30 minuti*
Tempo di cottura: *15-20 minuti*
Temperatura del forno: *180°*

Cozze alla griglia
con pomodori e peperoni

Le cozze alla griglia costituiscono un antipasto facile e veloce da cucinare.

1 kg di cozze
200 ml di vino bianco
mezzo peperone rosso, senza semi e sminuzzato
2 spicchi d'aglio schiacciati
4 cucchiai di prezzemolo fresco finemente tritato
425 g di pomodori a pezzettoni
5 cucchiai di pangrattato fresco
2 cucchiai di olio d'oliva
1 cucchiaio di parmigiano grattugiato
sale e pepe nero macinato fresco
prezzemolo fresco, finemente tritato, per guarnire

preparate le cozze: copritele con acqua fredda e scartate quelle già aperte e quelle che vengono a galla. Raschiatele bene sotto l'acqua fredda corrente per togliere ogni incrostazione e togliete le barbe. Mettete le cozze pulite in una pentola grande con il vino e portate ad ebollizione, chiudendo la pentola con un coperchio dalla chiusura ermetica.

cuocete le cozze a fuoco medio per qualche minuto, sempre con il coperchio, agitando la pentola di tanto in tanto per farle aprire (scartate quelle che non si saranno aperte). Toglietele dalla pentola, quindi rimuovete il guscio superiore di ogni mollusco.

mescolate, in una ciotola, i peperoni sminuzzati, l'aglio, il prezzemolo e i pomodori a pezzetti e 4 cucchiai di pangrattato. Aggiungete 1 cucchiaio di olio d'oliva, il sale e il pepe nero macinato fresco.

mettete su ogni cozza un po' di questo preparato, poi sistematele in una pirofila. Cospargete con il parmigiano, il restante pangrattato e l'olio d'oliva. Passatele in forno già caldo a 230° per 10 minuti. Infine, accendete il grill e gratinate per un attimo le cozze fino a ottenere una doratura croccante. Cospargete di prezzemolo.

Ingredienti per 4-6 persone
Tempo di preparazione: *30 minuti*
Tempo di cottura: *10 minuti*
Temperatura del forno: *230°*

Pasta e gnocchi

Pasta fresca

Cannelloni verdi
I cannelloni, che vengono cotti al forno, possono essere farciti con diversi ingredienti e serviti con qualsiasi tipo di salsa (una variante gustosa può essere con una salsa a base di formaggi). Talvolta si aggiungono gli spinaci all'impasto per ottenere la pasta verde.

Lasagne
Le lasagne sono considerate la pasta al forno per eccellenza, quasi un simbolo della cucina emiliana (che è una delle più apprezzate d'Italia). Con questi fogli di pasta si creano degli strati alternati a carne, formaggio, verdure e salsa di pomodoro.

Paste natalizie
In occasione di festività particolari, come il Natale, una volta le mamme preparavano la pasta fresca modellando delle figurine che richiamassero qualche simbolo ispirato all'occasione. Oggi queste paste, molto amate dai bambini, si possono trovare anche in commercio.

Tagliolini
Sono tagliatelle piatte, sottili e strette. Di solito si cucinano nelle minestre.

Ravioli
Anche i ravioli sono una pasta molto amata, considerata adatta ai pranzi festivi. Un cerchio di pasta può essere farcito con carne,

formaggio o verdure; viene poi ripiegato su se stesso e chiuso. La forma più comune è quella a mezzaluna, ma ne esistono altre, come quella a triangolo. È ancora molto viva l'abitudine di preparare i ravioli in casa.

Caramelle
Questa pasta fresca prende il nome dalle caramelle, di cui imita la forma. La farcitura viene preparata di solito con spinaci e ricotta.

Tortelloni
La forma dei tortelloni ricorda quella di un piccolo orecchio. Il ripieno è costituito di solito da spinaci e ricotta; si servono con una salsa oppure con burro, salvia e pepe macinato fresco.

Agnolotti
Gli agnolotti sono un altro tipo di pasta usata con diverse farciture. Si servono di preferenza con un ragù di carne.

Linguine verdi
Anche le linguine verdi, come i cannelloni, vengono preparate aggiungendo gli spinaci all'impasto delle fettuccine.

Cappelletti
Anche questa pasta farcita può essere riempita con diversi ingredienti come spinaci, ricotta, carne, prosciutto ecc.

La pasta fresca
fatta in casa

È la ricetta per la preparazione della pasta fresca, che arricchisce il gusto di tantissimi primi piatti.

300 g di farina passata al setaccio
un pizzico di sale
3 uova
1 cucchiaio di olio d'oliva
farina extra per infarinare spianatoia e matterello

versate la farina su una spianatoia o su un piano di lavoro. Fate un buco al centro e rompeteci le uova, aggiungete il sale e, usando le dita, spingete la farina dall'esterno verso il centro; quindi cominciate a impastare gli ingredienti con le mani. Aggiungete un po' d'olio d'oliva e continuate a lavorare la pasta finché non sarà diventata soffice (se preferite, potete amalgamare gli ingredienti in un tritatutto, ma lavorando a mano il risultato sarà migliore). Ogni tanto infarinate leggermente la spianatoia.

a questo punto stendete la pasta col matterello, infarinandolo di tanto in tanto perché la pasta non ci si attacchi. (ogni tanto avvolgere l'impasto sul mattarello e srotolatelo di nuovo). Continuate a stendere la sfoglia fino a che non diventi sottile e quasi trasparente.

fate asciugare la sfoglia per 10 minuti: potete fare in modo che un terzo di essa resti appeso fuori dal tavolo, così da asciugare più in fretta.

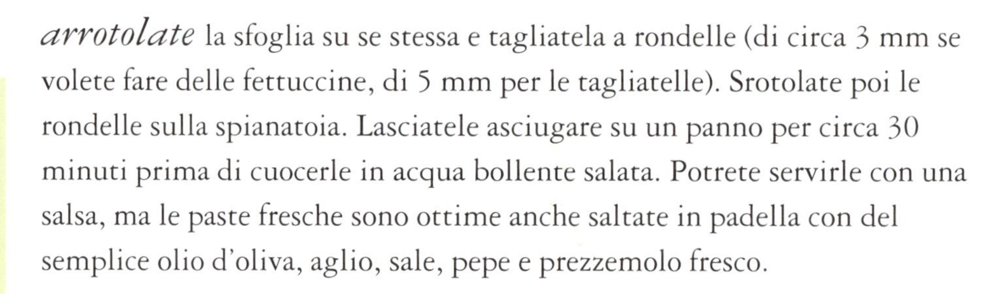

arrotolate la sfoglia su se stessa e tagliatela a rondelle (di circa 3 mm se volete fare delle fettuccine, di 5 mm per le tagliatelle). Srotolate poi le rondelle sulla spianatoia. Lasciatele asciugare su un panno per circa 30 minuti prima di cuocerle in acqua bollente salata. Potrete servirle con una salsa, ma le paste fresche sono ottime anche saltate in padella con del semplice olio d'oliva, aglio, sale, pepe e prezzemolo fresco.

Ingredienti per 4 persone
Tempo di preparazione: *1 ora*
Tempo di cottura: *2-3 minuti*

Per fare le lasagne o i ravioli, tagliate la pasta a scacchi grandi per le prime, in cerchi o quadratini per i secondi.

Pasta fritta *alla toscana*

Questa è una ricetta tradizionale dal cuore dell'Italia. Otterrete bocconcini gustosi e croccanti da accompagnare ad aperitivi, adattissimi a salse e creme saporite.

Mezzo cucchiaino di lievito in polvere
500 g di farina
25 g di burro
150 ml di brodo di pollo tiepido
olio di semi per friggere
sale e pepe nero macinato fresco

sciogliete il lievito in un po' d'acqua. Lasciate riposare per 10 minuti.

passate al setaccio la farina e un po' di sale su una superficie di lavoro. Aggiungete il lievito, poi il burro e il brodo, fino a ottenere un impasto soffice. Impastate bene con le mani, quindi spianate una sfoglia abbastanza spessa.

ripiegate i 4 angoli della sfoglia verso il centro, poi spianate con il matterello.

ripiegate e spianate di nuovo almeno altre 5 volte. Formate una sfoglia di circa 5 mm e tagliatela in piccoli rettangoli.

friggete la pasta un po' alla volta in olio bollente finché non diventi dorata e non si gonfi, quindi toglietela dall'olio e asciugatela con della carta da cucina. Cospargete di sale e pepe e servite calda.

Ingredienti per 6 persone
Tempo di preparazione: *1 ora, più 10 minuti per far riposare il lievito*
Tempo di cottura: *20-30 minuti, in base alla quantità di pasta fritta ogni volta*

Penne *all'arrabbiata*

È un classico della cucina italiana. La semplicità degli ingredienti esalta il sapore intenso del peperoncino.

1-2 cucchiai di olio d'oliva
1 cipolla grande, finemente tritata
2 spicchi d'aglio schiacciati
125 g di fette di pancetta senza cotenna, sminuzzate
1-2 peperoncini rossi freschi, a pezzettini
400 g di pomodori pelati a pezzettoni
50-75 g di pecorino o parmigiano a scaglie
500 g di penne
sale e pepe

riscaldate l'olio e soffriggete la cipolla, l'aglio e la pancetta finché non prendano un leggero colore.

aggiungete i peperoncini, i pomodori e 25 g di formaggio grattugiato. Regolate sale e pepe. Cuocete a fuoco lento per 30-40 minuti finché la salsa non sarà diventata densa.

cuocete le penne in acqua bollente salata per circa 12 minuti (i tempi di cottura esatti sono indicati sulle confezioni) e scolatele quando saranno al dente. Mettetele quindi in un piatto da portata.

versateci sopra gran parte della salsa, mescolate bene e ricoprite con il sugo che resta. Guarnite con scaglie di pecorino o parmigiano e mettete in tavola il resto del formaggio.

Ingredienti per 4 persone
Tempo di preparazione: *15-20 minuti*
Tempo di cottura: *50 minuti-1 ora*

Potete scegliere tra peperoncini verdi e rossi, ricordando che quelli rossi sono comunque più piccanti. Se preferite un sapore più delicato, tagliate i peperoncini a metà nel senso della lunghezza e toglietegli i semi con la punta di un coltellino, poi sminuzzateli. Dopo aver toccato il peperoncino, lavatevi le mani con cura e cercate di non toccarvi gli occhi o la bocca, perché è molto irritante.

Trenette
con pomodori e acciughe

In questa ricetta le acciughe si sposano alla perfezione con i peperoni e i pomodori.

4-6 cucchiai di olio d'oliva
2 spicchi d'aglio schiacciati
2 cipolle grandi finemente tritate
1 peperone rosso, senza pelle né semi, tagliato a striscioline
425 g di pomodori pelati a pezzettoni
40 g di acciughe in scatola, scolate e sminuzzate
500 g di trenette
8 cucchiai di parmigiano grattugiato
sale e pepe
1 cucchiaio di prezzemolo tritato finemente, per guarnire

riscaldate la metà dell'olio in una padella e soffriggete l'aglio e la cipolla fino a che non iniziano a dorarsi.

aggiungete le striscioline di peperoni e cuocetele finché non diventino tenere, aggiungete quindi i pomodori, le acciughe, e un pizzico di pepe. Lasciate sul fuoco ancora per qualche minuto finché il sugo non sia ritirato.

nel frattempo, cuocete le trenette in abbondante acqua salata per circa 7 minuti (controllate il tempo di cottura esatto sulla confezione) finché non saranno al dente. Scolatele bene.

mettete la pasta in un piatto da portata riscaldato e mescolatela bene con un po' di salsa, del formaggio e magari un po' di olio crudo.

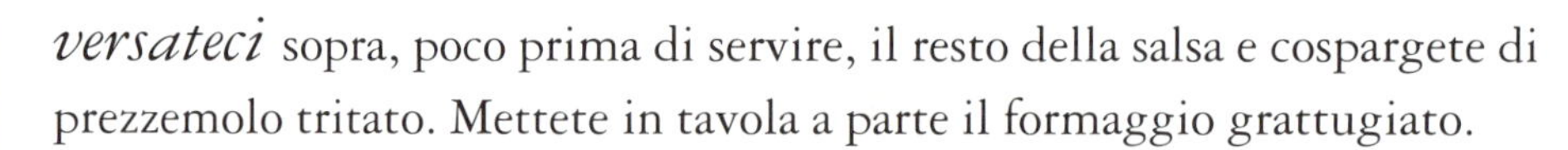

versateci sopra, poco prima di servire, il resto della salsa e cospargete di prezzemolo tritato. Mettete in tavola a parte il formaggio grattugiato.

Ingredienti per 4 persone
Tempo di preparazione: *15-20 minuti*
Tempo di cottura: *40 minuti*

Per togliere la pelle ai peperoni, tagliateli in due o in quattro parti e passateli sotto il grill abbastanza caldo, finché la pelle non inizierà a staccarsi e diventare nera. A quel punto, toglietela con un coltello appuntito.

Spaghetti *con le sarde, acciughe e finocchio*

Una salsa tipicamente siciliana dal sapore inconfondibile.

1 finocchio tagliato in quattro parti
8-10 cucchiai di olio d'oliva
2 spicchi d'aglio schiacciati
500 g di sarde
2 cipolle grandi finemente tritate
1 cucchiaio di uva sultanina
1 cucchiaio di pinoli
6 filetti d'acciuga a pezzetti
2 cucchiai di prezzemolo tritato
150 ml di vino bianco o di brodo di pesce
500 g di spaghetti
pangrattato. leggermente abbrustolito
sale e pepe macinato fresco

cuocete il finocchio in acqua bollente salata fino a quando non sarà quasi tenero. Scolatelo bene, tenendo da parte il liquido e tagliatelo a pezzi.

riscaldate 3 cucchiai di olio d'oliva in una padella e aggiungete l'aglio. Fatelo dorare leggermente, quindi aggiungete le sarde, continuando a cuocere a fuoco lento per altri 10 minuti.

nel frattempo, riscaldate altri 3 cucchiai di olio in un tegame e appassite la cipolla.

aggiungete poi il finocchio, l'uvetta, i pinoli, le acciughe, il prezzemolo e il vino (o, in alternativa, il brodo di pesce). Regolate sale e pepe e cuocete a fuoco medio per 10 minuti.

cuocete gli spaghetti in acqua salata (a cui aggiungerete anche l'acqua del finocchio). Scolate bene e metteteli in una pirofila. Coprite con la metà delle sarde, un po' di cipolle e finocchio.

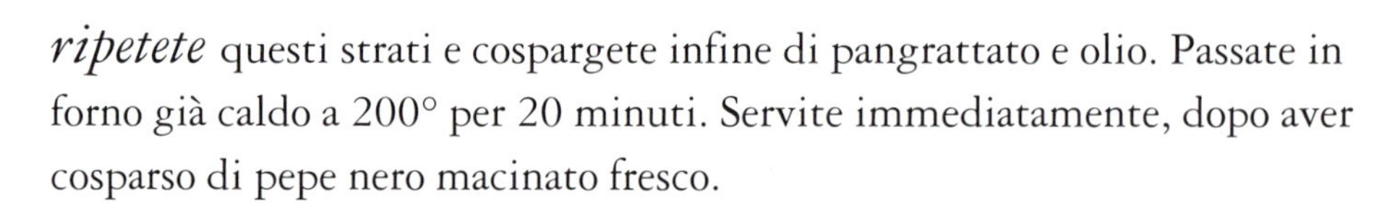

ripetete questi strati e cospargete infine di pangrattato e olio. Passate in forno già caldo a 200° per 20 minuti. Servite immediatamente, dopo aver cosparso di pepe nero macinato fresco.

Ingredienti per 4 persone
Tempo di preparazione: *10 minuti*
Tempo di cottura: *1 ora*
Temperatura del forno: *200°*

Per preparare le sarde, togliete loro le lische, la testa e la coda. Prima di cuocerle, tagliatele in 2 o 3 pezzi, a seconda della loro grandezza.

Spaghetti alla Carbonara

Un appetitoso piatto tradizionale della cucina romana, con ingredienti genuini come la pancetta e le uova.

500 g di spaghetti
8 fette di pancetta
2 cucchiai di olio d'oliva
3 uova sbattute
3 cucchiai di panna liquida
50 g di parmigiano grattugiato
2 cucchiai di prezzemolo fresco finemente tritato, per guarnire (facoltativo)
sale e pepe nero macinato fresco

portate ad ebollizione l'acqua di una casseruola (potete aggiungere all'acqua un po' d'olio se volete evitare che gli spaghetti si attacchino gli uni agli altri).

quando l'acqua bolle, buttate gli spaghetti e fateli cuocere finché non saranno al dente. Quindi, scolateli bene.

mentre gli spaghetti si stanno cuocendo, tagliate la pancetta a pezzettini e soffriggetela con un po' d'olio in una grande padella col fondo pesante, finché non si sarà dorata.

unite gli spaghetti scolati agli ingredienti nella padella e aggiungete, mescolando, le uova sbattute, il sale, il pepe nero macinato fresco e la panna.

saltateli a fuoco lento fino a che le uova non inizieranno a cuocersi.

versateci gran parte del parmigiano e mescolate; quindi servite immediatamente, dopo aver cosparso di parmigiano e, se volete, di prezzemolo tritato.

Ingredienti per 4 persone
Tempo di preparazione: *5 minuti*
Tempo di cottura: *15-20 minuti*

Spaghetti alla Bolognese

Questa è una delle innumerevoli salse di carne o verdura con le quali si può condire la pasta. Bologna, rinomata per i suoi primi piatti, ha dato il nome al classico ragù di carne all'italiana.

Ragù di carne

4 cucchiai d'olio d'oliva
1 cipolla tritata finemente
1 spicchio d'aglio schiacciato
4 fette di pancetta, senza cotenna e a pezzettini
1 carota a dadini
1 gambo di sedano a dadini
500 g di carne di manzo magra macinata
150 ml di vino rosso
noce moscata
425 g di polpa di pomodoro
1 cucchiaino di origano fresco tritato
sale e pepe nero macinato fresco

500 g di spaghetti
1 cucchiaio di olio d'oliva
pepe nero macinato fresco
50 g di parmigiano grattugiato (facoltativo)

fate il ragù: riscaldate l'olio in una casseruola o in una padella per friggere; soffriggete quindi la cipolla, l'aglio, la pancetta, il sedano e la carota. Aggiungete la carne macinata, mescolando di tanto in tanto fino a quando non sarà cotta.

aggiungete il vino rosso e portate ad ebollizione. Quindi abbassate leggermente la fiamma e cuocete a fuoco moderato per far evaporare gran parte del vino. Regolate sale e pepe nero macinato fresco.

aggiungete un po' di noce moscata mescolando bene. Quindi unite i pomodori e l'origano. Abbassate la fiamma e cuocete a fuoco molto lento, senza coperchio, per 2 ore-2 ore e mezzo, finché la salsa non si sarà ristretta e avrà assunto un bel colore.

cuocete gli spaghetti in una pentola piena di acqua leggermente salata. Scolateli al dente e insaporiteli con pepe nero macinato fresco; quindi versateci sopra il ragù, servendo il parmigiano separatamente.

Ingredienti per 4 persone
Tempo di preparazione: *10 minuti*
Tempo di cottura: *2 ore e mezzo-3 ore*

Spaghetti alle Vongole

Provate questa ricetta quando il vostro pescivendolo ha delle vongole fresche. Potete usare anche cozze, purché siano fresche.

- 1 kg di vongole fresche, raschiate e senza valve (si veda qui sotto)
- 7 cucchiai di acqua
- 7 cucchiai di olio d'oliva
- 1 spicchio d'aglio a fettine
- 425 g di pomodori pelati e passati
- 425 g di spaghetti
- sale e pepe nero macinato fresco
- 1 cucchiaio di prezzemolo tritato

mettete le vongole in una casseruola capiente piena d'acqua. Lasciatele sul fuoco finché non si saranno aperte, quindi staccate i molluschi dalle valve. Filtrate il liquido di cottura e tenetelo da parte.

riscaldate l'olio in una padella col fondo pesante, e fate imbiondire l'aglio per 5 minuti. Togliete l'aglio e aggiungete i pomodori e il liquido di cottura delle vongole. Mescolate e fate cuocere a fuoco lento per 20 minuti.

nel frattempo cuocete gli spaghetti in abbondante acqua bollente salata e, una volta al dente, scolateli bene.

unite le vongole e il prezzemolo alla salsa di pomodoro e lasciate sul fuoco per 1 minuto. Mettete gli spaghetti in un piatto da portata ben caldo con la salsa e un pizzico di pepe; mescolate delicatamente e servite.

Ingredienti per 4 persone
Tempo di preparazione: *10 minuti*
Tempo di cottura: *40 minuti*

Le vongole fresche nelle loro valve dovrebbero essere raschiate con cura prima di cuocerle. Per controllare se sono vive (e quindi commestibili) chiudete il coperchio velocemente - la vongola dovrebbe reagire chiudendosi subito con forza.

Tagliatelle *con salsa di formaggio e basilico*

Una salsa per condire la pasta, profumata e (apparentemente) semplice. I pomodori, il basilico e le olive danno vita a un sapore vibrante e ricco.

4 cucchiai di olio d'oliva
2 cipolle a pezzetti
2 spicchi d'aglio schiacciati
500 g di polpa di pomodoro
2 cucchiai di concentrato di pomodoro
100 ml di vino bianco secco
alcune olive grandi snocciolate, tagliate in 4 parti
una manciata di foglie di basilico
375 g di tagliatelle
sale e pepe nero macinato fresco
50 g di parmigiano a scaglie

riscaldate 3 cucchiai di olio d'oliva in una padella grande. Aggiungete le cipolle e l'aglio e soffriggeteli a fuoco lento fino a quando non saranno leggermente dorati. Mescolate di quando in quando.

aggiungete i pomodori, il concentrato e il vino mescolando con cura. Cucinate a fuoco lento fino a quando la salsa non si sarà ritirata. Unite i pezzetti d'oliva e il basilico e regolate sale e pepe.

nel frattempo, cuocete le tagliatelle in abbondante acqua salata (alla quale potrete aggiungere un po' d'olio per non far attaccare la pasta). Quando saranno al dente, toglietele dal fuoco.

scolatele subito e insaporitele con l'olio e una bella manciata di pepe nero macinato fresco. Dividete le tagliatelle in 4 piatti da portata e conditele con la salsa di pomodoro, mescolando leggermente. Servite con grandi scaglie di parmigiano.

Ingredienti per 4 persone
Tempo di preparazione: *10 minuti*
Tempo di cottura: *20 minuti*

Tagliatelle *con fagioli borlotti e salvia*

La salvia è molto usata in cucina per il suo profumo intenso. In questa ricetta si sposa alla perfezione con i fagioli, i pomodori e l'olio d'oliva.

3 cucchiai di olio d'oliva
75 g di cubetti di pancetta affumicata, senza cotenna
1 cipolla tritata finemente
5 foglie di salvia
250 g di fagioli borlotti in scatola
2 cucchiai di brodo di pollo
la punta di un cucchiaino di farina
1 cucchiaio di concentrato di pomodoro
2 cucchiai di vino rosso
425 g di tagliatelle
2 cucchiai di parmigiano grattugiato
1 cucchiaio di pecorino grattugiato
alcune foglie di salvia come guarnizione (facoltativo)

riscaldate l'olio in una grande casseruola col fondo pesante, aggiungete la pancetta, la cipolla e le foglie di salvia intere. Lasciate sul fuoco fino a che la pancetta non avrà preso colore.

scolate i borlotti, lavateli con acqua corrente fredda e scolateli di nuovo, poi metteteli nella casseruola.

riscaldate il brodo. Intanto mescolate la farina e il concentrato di pomodoro in una piccola ciotola; aggiungete poi, continuando a mescolare, il brodo caldo e il vino.

versate il tutto nella casseruola coi fagioli mescolando con un cucchiaio di legno, e cuocete a fuoco lento fino a che la salsa non diventerà densa.

cuocete la pasta al dente, in abbondante acqua salata.

togliete le foglie di salvia dalla salsa e regolate sale e pepe. A questo punto, scolate la pasta e versatela nella casseruola con la salsa; mescolate bene e versate in un piatto da portata caldo. Cospargete di parmigiano e servite ben caldo, guarnendo, se volete, con qualche foglia di salvia fresca.

Ingredienti per 4 persone
Tempo di preparazione: *10 minuti*
Tempo di cottura: *30 minuti*

Linguine *con cozze in salsa di pomodoro*

1 kg di cozze
3 cucchiai di olio d'oliva
1 cipolla sminuzzata
3 spicchi d'aglio schiacciati
750 g di polpa di pomodoro
500 g di linguine
sale e pepe nero macinato fresco
3 cucchiai di prezzemolo fresco tritato

preparate le cozze: copritele d'acqua e scartate quelle che si aprono o che vengono a galla. Raschiatele bene e togliete le barbette.

mettete 100 ml d'acqua in una grande casseruola, coprite con un coperchio e cuocete a fuoco moderato fino a che le cozze non si saranno aperte, scuotendo di tanto in tanto la casseruola. Scolate le cozze e togliete le valve, lasciandone alcune intere da usare poi come guarnizione (scartate quelle che non si apriranno).

riscaldate l'olio d'oliva in una padella per friggere e fateci dorare l'aglio e la cipolla a fuoco moderato.

aggiungete la polpa di pomodoro, regolate sale e pepe e cuocete a fuoco lento fino a quando la salsa non si sarà ristretta.

aggiungete alla salsa di pomodoro le cozze senza valve e mescolate delicatamente. Cuocete le cozze a fuoco lento per 2-3 minuti.

cuocete le linguine in abbondante acqua salata. Una volta al dente, scolatele e versateci sopra la salsa di pomodoro e cozze.

mettete il tutto in un piatto da portata oppure ripartite in 4 piatti singoli caldi. Cospargete di prezzemolo tritato e guarnite con le cozze nelle loro valve.

Ingredienti per 4 persone
Tempo di preparazione: *25 minuti*
Tempo di cottura: *20 minuti*

Ravioli ai Funghi

2 cucchiai di olio d'oliva
1 cipolla tritata finemente
1-2 spicchi d'aglio schiacciati
500 g di funghi finemente tritati
200 g di ricotta
1 uovo sbattuto
2-3 cucchiai di pangrattato
pasta fresca (si veda pag 64)
75 g di burro
sale e pepe nero macinato fresco
50 g di parmigiano grattugiato

riscaldate l'olio, aggiungete la cipolla e l'aglio e soffriggete a fuoco lento finché non siano dorati. Unite i funghi e continuate a cuocere lentamente finché non saranno teneri e il loro liquido non sarà evaporato.

togliete dal fuoco e amalgamate con le uova, la ricotta e la quantità di pangrattato necessaria a dare una certa consistenza al ripieno. Regolate sale e pepe.

fate la sfoglia di pasta e ritagliate dei cerchi di circa 6 cm di diametro. Mettete un po' di ripieno al centro di ognuno di essi, con un pennello bagnato in acqua fredda inumidite leggermente il bordo dei cerchi, quindi ripiegateli su se stessi e chiudete bene. Altrimenti, ritagliate la sfoglia in lunghe strisce di pasta di 2,5 cm di diametro, mettete dei mucchietti di ripieno in fila, bagnate con un pennello i bordi delle strisce, adagiateci sopra un'altra striscia di pasta e con gli stampini appositi ritagliate i ravioli (rotondi o quadrati).

cuocete un po' di ravioli alla volta per 4-5 minuti in abbondante acqua salata. Saranno cotti quando verranno a galla. Toglieteli dall'acqua con una schiumarola, scolateli bene e metteteli in un piatto da portata caldo. Copriteli e teneteli al caldo fino a che non avrete finito di cuocerli tutti. Poco prima di servire, sciogliete il burro in una padella e quando sarà pronto, versateci i ravioli. Cospargete con un po' di parmigiano, portando in tavola a parte quello che avanza. Servite ben caldi con pepe nero macinato fresco.

Ingredienti per 4 persone
Tempo di preparazione: *30 minuti*
Tempo di cottura: *30 minuti*

Pasta secca

Riccioli
I riccioli sono simili nella forma ai cappelletti, ma sono un tipo di pasta secca e non hanno ripieno. Sono adatti a sughi robusti, perché trattengono il condimento nelle loro spire.

Farfalle
Le farfalle sono una pasta deliziosa arricciata al centro che ricorda le cravatte omonime. Si possono trovare di varie dimensioni, e servite con una salsa di verdure e qualche guarnizione possono dare un tocco di colore alla tavola.

Tagliatelle
Le tagliatelle sono una pasta molto amata che si può trovare sia fresca che secca. Sono molto simili alle fettuccine (rispetto alle quali comunque il formato è leggermente più sottile e largo). Si servono con tutte le salse, ma la più indicata è il ragù alla Bolognese.

Spaghetti
Gli spaghetti sono forse la pasta più famosa, il simbolo della tavola italiana. Sono identificati con la città di Napoli da dove, secondo alcuni storici, la pasta si sarebbe diffusa nel resto dell'Italia.

Penne
Le penne sono una pasta tubolare tagliata diagonalmente agli estremi. È una pasta che si adatta a tutti i tipi di sugo robusto, come ragù e sughi di molte verdure. Mentre gli spaghetti sono più amati nel meridione, in genere la pasta corta si preferisce al nord.

Conchiglie
Sono piccole conchigliette di pasta secca. Come altri tipi di pasta simili, si servono in genere con ragù di carne macinata, perché le loro cavità trattengono il sugo all'interno.

Rigatoni
I rigatoni sono un tipo di pasta molto noto a forma tubolare rigata. Sono ideali da fare al forno con una salsa corposa. Altrimenti, si possono cuocere al dente e condire con un ragù di carne. Come le conchiglie, i rigatoni sono ottimi per trattenere la salsa al loro interno.

Fiorelli
I fiorelli sono uno dei numerosi tipi di pasta dalla forma ispirata a un fiore. Sono rotondi e arricciati e sono una simpatica alternativa alla pasta più comune.

Fusilli
I fusilli sono una pasta a spirale. Sono molto adatti per salse fresche a base di aromi naturali, come il pesto alla genovese.

Caserecce
Le caserecce sono una pasta piccola originaria della Sicilia. Sono fatte di striscioline arrotolate in modo da creare questa forma particolare. Anche altre regioni hanno qualche forma di pasta tipica, come le orecchiette in Puglia o i pici in Umbria.

Lasagne al forno
con ragù di carne

La cucina emiliana è famosa per i primi piatti saporiti e robusti. Queste lasagne al forno sono abbastanza sostanziose da costituire da sole un pasto completo, accompagnate da un buon vino rosso.

150-300 ml di latte
450 ml di besciamella (si veda qui sotto)
sale e pepe bianco
ragù di carne (si veda pag 77) cotto solo per 20 minuti
250 g di lasagne a cottura rapida verdi o bianche, oppure pasta fresca tagliata in fogli di circa 19 x 9 cm
2-3 cucchiai di parmigiano grattugiato
un rametto di basilico fresco per guarnire

versate il latte nella besciamella fino a quando non avrete raggiunto una consistenza cremosa e densa. Controllate il sale e il pepe.

imburrate una pirofila e, cospargendo prima il fondo con un po' di ragù, iniziate a sovrapporre uno strato di ragù, uno di lasagne, uno di salsa besciamella e parmigiano e così via, concludendo con la besciamella.

spolverate con il parmigiano e passate in forno già caldo a 180° per 40-45 minuti. Servite le lasagne molto calde, guarnendo con un rametto di basilico fresco.

Ingredienti per 4 persone
Tempo di preparazione: *15-20minuti*
Tempo di cottura: *40-45 minuti*
Temperatura del forno: *180°*

Per fare la salsa besciamella, fate sciogliere 40 g di burro e amalgamateci 40 g di farina. Cuocete a fuoco lento per 2-3 minuti versandoci lentamente il latte a filo, e mescolate continuamente, fino ad ottenere una salsa omogenea. Aggiungete allora sale, pepe e un po' di noce moscata.

Pasta a strati
con parmigiano e pomodoro fresco

Un modo insolito per preparare delle lasagne al forno, gustose e leggere.

Salsa Besciamella
Pomodori freschi
40 g di burro
40 g di farina
600 ml di latte
un pizzico di noce moscata grattugiata
sale e pepe nero macinato fresco

250 g di lasagne a cottura rapida o di pasta fresca fatta in casa
50 g di parmigiano grattugiato
15 g di burro

preparate i pomodori freschi in una casseruola, tagliandoli a pezzetti, e conditeli con sale e pepe.

fate la salsa besciamella (si veda pag 90).

mettete un po' di pomodori a pezzetti e parmigiano in una pirofila imburrata, sovrapponetevi uno strato di lasagne e un altro strato di pomodori e parmigiano, ricoperto da un po' di salsa besciamella. Ripetete questi strati e concludete con uno strato di lasagne ricoperte da salsa besciamella.

cospargete di parmigiano grattugiato e aggiungete qua e là dei fiocchi di burro. Passate in forno già caldo a 230° per 30 minuti finché le lasagne non saranno dorate.

Ingredienti per 4 persone
Tempo di preparazione: *1 ora e 45 minuti*
Tempo di cottura: *30 minuti*
Temperatura del forno: *230°*

Penne *alla salsiccia piccante*

La miglior salsiccia da usare per questa ricetta è di tipo piccante, come le salamelle. La verdura fresca arricchisce questa salsa dandole un gusto molto genuino.

3 cucchiai d'olio
25 g di burro
mezza cipolla a pezzettini
mezzo scalogno tritato
1 carota piccola, affettata finemente
1 gambo di sedano a fettine
100 g di salamelle sminuzzate
mezzo peperone giallo dolce, senza semi e fatto a dadini
4 foglie di basilico sminuzzate
50 ml di vino rosso secco
425 g di penne
2 cucchiai di pecorino grattugiato
2 cucchiai di parmigiano grattugiato
alcune foglie di basilico intere, per guarnire

riscaldate l'olio e il burro in una casseruola, aggiungete la cipolla, lo scalogno, la carota e soffriggete a fuoco lento per 4 minuti.

mescolate bene, quindi aggiungete la salsiccia sminuzzata, il peperone a dadini e il basilico tritato. Cuocete a fuoco lento per 3-4 minuti finché tutto non prenderà colore; allungate con il vino rosso.

lessate le penne in acqua bollente leggermente salata; una volta al dente, scolatele.

trasferite la pasta in un piatto da portata caldo e conditela con la salsa.

cospargete coi formaggi grattugiati e mescolate bene prima di servire, guarnendo con foglie di basilico.

Ingredienti per 4 persone
Tempo di preparazione: *10 minuti*
Tempo di cottura: *10 minuti*

Se non riuscite a trovare le autentiche salamelle, potrete usare una buona salsiccia nostrana, ottenendo lo stesso un ottimo risultato.

Maccheroni *con aglio e acciughe*

2 filetti d'acciuga
un po' di latte
4 cucchiai d'olio
1 spicchio d'aglio
50 g di pancetta affumicata a dadini, senza cotenna
425 g di pomodori pelati
50 g di olive nere snocciolate sminuzzate
mezzo cucchiaino di origano tritato
375 g di maccheroni
25 g di pecorino grattugiato
sale e pepe

mettete a bagno i filetti d'acciuga in un po' di latte per togliere il sale in eccesso.

riscaldate l'olio in una padellina. Aggiungete lo spicchio d'aglio intero e le acciughe scolate. Soffriggete a fuoco moderato per qualche minuto, quindi togliete l'aglio e aggiungete la pancetta.

nel frattempo, scolate i pomodori e tagliateli a striscioline. Quando la pancetta sarà croccante, versateci sopra i pomodori. Regolate sale e pepe e fate cuocere a fuoco lento per altri 20 minuti, finché la salsa non diventerà densa. A metà cottura, aggiungete le olive e l'origano.

cuocete la pasta in una grande casseruola di acqua bollente leggermente salata finché non sarà al dente.

scolatela e trasferitela in un piatto da portata ben caldo; versateci sopra la salsa e cospargete con il percorino grattugiato. Mescolate con cura prima di servire.

Ingredienti per 4 persone
Tempo di preparazione: *10 minuti*
Tempo di cottura: *30 minuti*

Gnocchi alla Romana

al forno con parmigiano

La preparazione degli gnocchi può essere anche un passatempo divertente. Potete fare gnocchi di patate o, come in questa ricetta, di semolino.

600 ml di latte
125 g di semolino
un pizzico di noce moscata
125 g di gruviera grattugiato
25-50 g di burro fuso
25-50 g di parmigiano grattugiato
sale e pepe bianco

fate bollire il latte, toglietelo dal fuoco e versateci a pioggia il semolino. Mescolate bene con una frusta per evitare che si formino dei grumi. Insaporite con sale, pepe e un pizzico di noce moscata.

rimettete la casseruola sul fuoco e riportate ad ebollizione; fate cuocere per 5-7 minuti a fuoco moderato, mescolando sempre con forza finché il composto non si staccherà dalle pareti della pentola. Versateci il parmigiano e continuate a mescolare.

disponete il composto in una teglia imburrata e stendetelo sino a ridurlo ad uno spessore di circa 1-1,5 cm. Lasciate raffreddare e mettete in frigorifero fino a quando non si sarà solidificato.

tagliate gli gnocchi in dischetti con uno stampino di circa 5-6 cm di diametro. Sistemateli, a strati sovrapposti, in una pirofila imburrata (reimpastate i ritagli per ricavarne altri dischetti). Versateci sopra il burro fuso e cospargete con il parmigiano. Passate in forno già caldo a 220° per 20-30 minuti sino a quando gli gnocchi risulteranno dorati e leggermente croccanti in superficie. Toglieteli dal forno e serviteli immediatamente.

Ingredienti per 4-6 persone
Tempo di preparazione: *20-30 minuti, più il tempo per solidificare*
Tempo di cottura: *30-40 minuti*
Temperatura del forno: *220°*

Per rendere più saporito questo piatto, tagliate a fettine 175 g di pancetta, soffriggetela leggermente in un po' d'olio e versate il tutto sopra gli gnocchi nella teglia.

Gnocchi di patate
con salsa di pomodoro

Salsa di pomodoro

3 cucchiai di olio d'oliva
425 g di polpa di pomodoro
1 cucchiaino di origano secco
sale e pepe nero macinato fresco

Gnocchi

750 g di patate farinose, pelate e tagliate in pezzetti uniformi
175-200 g di farina tipo 0
2 tuorli d'uovo sbattuti
un pizzico di noce moscata
50-75 g di burro fuso
50 g di parmigiano grattugiato
sale e pepe bianco

preparate la salsa di pomodoro: mettete tutti gli ingredienti in una casseruola e portate ad ebollizione. Cuocete a fuoco lento per 20-25 minuti, finché la salsa non sarà ritirata.

lessate le patate in acqua bollente salata. Appena saranno tenere, scolatele e rimettetele sul fuoco un momento, agitando la casseruola, per asciugarle bene. Macinatele poi nello schiacciapatate o nel passaverdure. Incorporateci gran parte della farina, le uova, la noce moscata e mescolate il tutto fino ad ottenere un composto abbastanza omogeneo.

versatelo allora su una spianatoia infarinata e, se non vi sembra abbastanza consistente, incorporateci altra farina. Formate delle strisce di impasto di circa 1 cm di diametro e tagliatele in gnocchetti di 3 cm, schiacciando leggermente il centro di ogni gnocco tra pollice e indice, oppure con una forchetta.

lessate gli gnocchi, un po' alla volta, in una capiente casseruola di acqua bollente. Saranno cotti quando verranno a galla. Toglieteli dall'acqua con una schiumarola e scolateli bene.

mettete via via gli gnocchi cotti in una piatto imburrato e teneteli in caldo finché non saranno pronti tutti, quindi conditeli con la salsa di pomodoro. Prima di servire, cospargeteli con burro fuso e un po' di parmigiano; servite in tavola a parte il parmigiano che avanza.

Ingredienti per 4 persone
Tempo di preparazione: *20-30 minuti*
Tempo di cottura: *30-40 minuti*

Maccheroncini al forno *con gamberetti freschi*

Salsa Besciamella
25 g di burro
25 g di farina
300 ml di latte
un pizzico di noce moscata grattugiata
sale e pepe nero macinato fresco

90 g di burro
175 g di funghi non ancora maturi a fette
250 g di gamberetti sgusciati
2 cucchiai di brandy riscaldato
50-75 g di parmigiano grattugiato
250 g di maccheroncini
rametti di basilico fresco, per guarnire

preparate 300 ml di salsa besciamella (si veda pag 90). Tenete in caldo.

sciogliete la metà del burro in una casseruola e cucinate i funghi finché non saranno teneri. Aggiungete a piacere sale e pepe.

aggiungete i gamberetti e, quando saranno caldi, versateci il brandy scaldato e fiammeggiateli. Quando le fiamme si saranno spente, versateci la metà del formaggio e mescolate bene.

nel frattempo, cuocete la pasta in acqua bollente salata; una volta al dente, toglietela dal fuoco e scolatela. Controllate il condimento della besciamella e aggiungete un pizzico di noce moscata e il resto del formaggio.

versate un terzo dei maccheroncini in una pirofila imburrata e cospargeteli con la salsa di funghi e gamberetti. Ripetete questi strati e terminate con uno strato di maccheroncini. Passate in forno già caldo a 200° per circa 20 minuti fino a che la superficie non sarà gratinata. Servite caldi, guarniti con basilico fresco.

Ingredienti per 4 persone
Tempo di preparazione: *15-20 minuti*
Tempo di cottura: *35-40 minuti*
Temperatura del forno: *200°*

Per variare, potete usare, al posto dei gamberetti, del merluzzo affumicato senza pelle, lasciato a bagno in acqua e sminuzzato con una forchetta.

Maiale, manzo e agnello

Lombata di maiale
con ginepro e foglie d'alloro

2 cucchiai di olio d'oliva
1-1,25 kg di lombata di maiale senza cotenna e senz'osso legata con uno spago
1 cucchiaio di bacche di ginepro, grossolanamente schiacciate
2 chiodi di garofano
10 foglie d'alloro fresche, se possibile, più un rametto per guarnire
2 grosse cipolle tritate
300 ml di vino bianco secco
150-450 ml di brodo di pollo
sale e pepe nero macinato fresco

riscaldate l'olio d'oliva in una casseruola col fondo pesante o in un tegame abbastanza grande da contenere la carne. Rosolate la carne su entrambi i lati.

aggiungete le bacche di ginepro, l'aglio, le foglie d'alloro, la cipolla e l'olio d'oliva.

regolate sale e pepe e versate il vino bianco.

ricoprite con un pezzo di carta da forno e con un coperchio che chiuda perfettamente; cuocete a fuoco lento per 1 ora e mezzo, fin quando la carne non sarà tenera.

è meglio non sollevare il coperchio troppo spesso; controllate comunque una o due volte la carne durante la cottura, allungando se necessario con un po' di brodo.

togliete la carne dalla casseruola e mettetela in un piatto da portata. Copritela e tenetela in caldo.

aggiungete brodo a sufficienza per assorbire il fondo di cottura. Portate ad ebollizione, regolate sale e pepe e filtrate il liquido. Se volete, con un po' del sugo così ottenuto potete bagnare la carne e mettere il resto in tavola. Servite caldo, guarnendo con foglie d'alloro fresche.

Ingredienti per 4-6 persone
Tempo di preparazione: *10 minuti*
Tempo di cottura: *1 ora e mezzo-2 ore*

Potete anche cuocere la carne nel forno preriscaldato a 180°. Fate però attenzione che la carta da forno non fuoriesca dalla casseruola di più di 1 cm. Troppa carta potrebbe essere un pericolo, specialmente vicino alla fiamma del gas.

Stufato alla milanese
con lombata di maiale e salsicce

Questo piatto in casseruola propone una cottura molto succulenta. Accompagnatelo con pane croccante da inzuppare nella salsa.

300 g di cotenna di maiale
25 g di burro
3-4 cucchiai di olio d'oliva
2 cipolle grandi affettate
2 carote grandi affettate
2 gambi di sedano sminuzzati
625 g di maiale disossato a cubetti
150 ml di vino bianco secco
1,5 litri di brodo di pollo
250 g di salsicce di maiale, tagliate a rondelle di 2,5 cm
750 g di cavolo Savoy, con le foglie spuntate e fatte a pezzetti
sale e pepe

mettete la cotenna di maiale in una casseruola e copritela con acqua leggermente salata. Portate ad ebollizione e cuocete per 10 minuti; quindi scolatela e tagliatela a striscioline di 5 x 1 cm.

riscaldate il burro e la metà dell'olio in un'altra pentola. Appassite la cipolla, unite le carote e il sedano e soffriggete per circa 5 minuti, mescolando frequentemente.

togliete le verdure dalla pentola, riscaldate l'olio rimasto e rosolateci il maiale. Rimettete le verdure e la cotenna di maiale nella pentola e bagnate con vino bianco e brodo, aggiungendo sale e pepe.

fate cuocere a fuoco lento per 1 ora e mezzo-2 ore finché la carne non sarà quasi tenera. Aggiungete la salsiccia e il cavolo e lasciate sul fuoco per altri 25-30 minuti. Regolate sale e pepe, quindi trasferite la carne in un piatto da portata. Servite ben caldo.

Ingredienti per 4-6 persone
Tempo di preparazione: *20-25 minuti*
Tempo di cottura: *2- 2 ore e mezza*

Preparate questo piatto il giorno prima di servirlo in tavola: avendo più tempo per assorbire il sugo, guadagnerà sapore. Conservatelo in frigo dopo che si sarà raffreddato. Prima di servirlo, riscaldatelo per 40 minuti a fuoco lento.

Manzo alla veneziana
in salsa aromatica speziata

La cottura a fuoco lento nel vino e nel marsala aggiunge ricchezza al sapore di questo piatto.

300 ml di aceto di vino rosso
1 spicchio d'aglio sminuzzato
2 chiodi di garofano
un pizzico di cannella
2 carote a pezzettini
2 gambi di sedano sminuzzate
1 rametto di rosmarino e di timo
75 g di burro
1,5 x 1,75 kg di controgirello o la parte superiore del culaccio
1 cipolla grande a pezzettini
300 ml di vino bianco secco
sale e pepe macinato fresco
erbe aromatiche per guarnire

mescolate l'aceto, l'aglio, i chiodi di garofano, la cannella, il sedano e le erbette e insaporite con un po' di sale. Mettete la carne in un piatto fondo e versateci sopra la marinata. Coprite e lasciate in frigo per 12 ore, rigirando la carne frequentemente.

scolate la carne e la verdura e asciugatele con carta da cucina assorbente. Buttate la marinata.

riscaldate il burro in una casseruola col fondo pesante e soffriggete la cipolla, le carote e il sedano. Togliete gli ortaggi dalla casseruola e aggiungete la carne, rosolandola bene su entrambi i lati. Rimettete gli ortaggi, bagnate di vino o marsala e aggiungete pepe e sale a piacere. Coprite la pentola con un pezzo di carta da forno e con un coperchio che chiuda perfettamente; cuocete a fuoco lento per 2-2 ore e mezzo finché la carne non sarà diventata tenera.

tagliate la carne a fette spesse e sistematele su un piatto caldo. Controllate sale e pepe e versate il sugo di cottura sopra la carne. Cospargete di pepe nero e guarnite con erbette aromatiche.

Ingredienti per 6-8 persone
Tempo di preparazione: *25-30 minuti*
Tempo di cottura: *2 ore e un quarto-2 ore e 45 minuti*

Prima di cucinare la carne, togliete tutto il grasso e legate il controgirello con uno spago, così da tenerlo in forma. Questo piatto si accompagna tradizionalmente con la polenta, come molte specialità del Nord.

Bistecche
con salsa alla pizzaiola

La bistecca, come la pizza, viene ricoperta di pomodori, aglio e origano. La ricetta è adatta anche alle costolette di maiale.

75 ml di olio d'oliva
1-2 spicchi d'aglio
500 g di pomodori freschi pelati e a pezzetti oppure 425 g di polpa di pomodoro in scatola
1 cucchiaino di origano fresco o mezzo cucchiaino di origano secco
4 bistecche di manzo da 250 g, tagliate sottili e senza grasso
sale e pepe

riscaldate tre quarti dell'olio in una padella e fate prendere un leggero colore all'aglio. Unite i pomodori e insaporite un po' con sale, pepe e origano.

portate ad ebollizione, quindi cuocete a fuoco lento per 10-15 minuti finché la salsa non si sarà ristretta un po' (se usate i pomodori in scatola, avranno bisogno di più tempo rispetto a quelli freschi).

nel frattempo, riscaldate il resto dell'olio in una padella per friggere e rosolate a fuoco vivo la carne su entrambi i lati. Versateci sopra la salsa e continuate a cuocere a fuoco lento per 10-15 minuti, finché la carne non sarà diventata tenera. Se necessario, allungate con un po' d'acqua per evitare che la salsa si ritiri eccessivamente.

sistemate le bistecche su singoli piatti caldi o su un piatto da portata e ricoprite di salsa. Servite immediatamente.

Ingredienti per 4 persone
Tempo di preparazione: *15-20 minuti*
Tempo di cottura: *25-35 minuti*

Involtini *farciti con formaggio, prosciutto e basilico*

1kg di controgirello di manzo
125 g di formaggio pecorino grattugiato
2 fette di prosciutto crudo sminuzzate
3 spicchi d'aglio schiacciati
3 cucchiai di prezzemolo fresco tritato
1 cucchiaio di basilio fresco
3 cucchiai di olio d'oliva
sale e pepe nero macinato fresco

Salsa di pomodoro

1 cipolla tritata
2 spicchi d'aglio schiacciati
1 kg di polpa di pomodoro
1 cucchiaio di concentrato di pomodoro
125 ml di vino rosso
sale e pepe nero macinato fresco

tagliate il manzo a fettine sottili e mettetele tra 2 fogli di carta oleata da forno. Appiattite le fettine col batticarne o con un matterello, poi salatele e pepatele.

preparate il ripieno: mettete il pecorino grattugiato in un recipiente assieme al prosciutto sminuzzato, l'aglio, il prezzemolo e il basilico.

mescolate bene questi ingredienti e distribuite un po' del ripieno su ogni fettina. Quindi arrotolatele, ripiegando i lati, e legatele con un filo di cotone o uno spago sottile.

riscaldate l'olio d'oliva in una casseruola capiente e rosolate leggermente gli involtini, voltandoli ogni tanto. Toglieteli dalla casseruola e teneteli in caldo.

preparate la salsa: soffriggete nella casseruola la cipolla e l'aglio. Unite i pomodori, il concentrato, il vino e il condimento. Arrivati ad ebollizione, aggiungete gli involtini.

mettete il coperchio e fate cuocere a fuoco lento per 1 ora e mezzo-2 ore (finché la carne non sarà tenera). Togliete lo spago dagli involtini e serviteli caldi, mettendo in tavola la salsa separatamente.

Ingredienti per 6-8 persone
Tempo di preparazione: *25-30 minuti*
Tempo di cottura: *1 ora e mezzo-2 ore e un quarto*

BAROLO
DI ORIGINE CONTROLLATA
E GARANTITA
V.Q.P.R.D.
NELLE CANTINE DI LA MORRA DA
GIACOMO DAMILANO
BAROLO – ITALIA
13% vol.

Manzo brasato
in vino rosso e rosmarino

In questo ricetta, il metodo di cottura lento è ideale per esaltare il sapore dei tagli di manzo adatti al brasato.

1,5 kg di un taglio di manzo - controgirello o controfiletto arrotolato
1 cipolla affettata
1 carota a rondelle
1 gambo di sedano a rondelle
2 spicchi d'aglio schiacciati
2 foglie d'alloro
6 grani di pepe
600 ml di vino rosso tipo Barolo
25 g di grasso di pancetta o di sugo d'arrosto
1 cipolla finemente tritata
1 rametto di rosmarino
sale e pepe nero macinato fresco

mettete la carne in un recipiente profondo con l'aglio, la cipolla, il sedano, la carota, le foglie d'alloro, i grani di pepe e il vino rosso. Coprite il recipiente e mettetelo in frigorifero a marinare per 24 ore (rigirate il manzo ogni tanto). Quindi togliete la carne e asciugatela con cura, tenendo da parte la marinata.

riscaldate il grasso della pancetta o dell'arrosto in una capace casseruola e fate appassire la cipolla a fuoco lento per circa 5 minuti. Aggiungete la carne di manzo, alzate la fiamma e rosolate velocemente su entrambi i lati.

filtrate la marinata tenuta da parte nella casseruola e portate ad ebollizione. Aggiungete il rametto di rosmarino e insaporite con sale e pepe.

abbassate la fiamma, mettete il coperchio e cuocete a fuoco lento per almeno 3 ore, finché la carne non sarà tenera. Voltate la carne solo una volta a metà cottura.

trasferitela su un tagliere e tagliatela a fette abbastanza spesse, che sistemerete su un piatto da portata caldo. Se la salsa è troppo liquida, alzate il bollore e fatela ritirare.

togliete il rosmarino e versate la salsa sulla carne. Servite immediatamente con un purè di patate e carote lesse.

Ingredienti per 6 persone
Tempo di preparazione: *5 minuti, più 24 ore per marinare*
Tempo di cottura: *3 ore e un quarto*

Agnello *con vino e funghi*

Una ricetta tradizionale dei pastori della Basilicata, per cucinare l'agnello con quello che si trova nei boschi del pascolo.

3 cucchiai di olio d'oliva
1 kg di spalla d'agnello disossata o di coscio d'agnello, tagliati a pezzetti (si veda qui sotto)
500 g di funghi
125 ml di vino bianco secco
sale e pepe nero macinato fresco

riscaldate l'olio in un tegame, aggiungete la carne e soffriggete a fuoco moderato finché non sarà rosolata su entrambi i lati.

mettete i funghi, il vino e acqua a sufficienza per coprire la carne. Condite a piacere di sale e pepe.

coprite con un foglio d'alluminio e passate in forno a 190° per 1 ora, finché la carne non sarà diventata tenera, mescolando di tanto in tanto.

servite caldo, con spinaci lessati, e magari fette di polenta.

Ingredienti per 4 persone
Tempo di preparazione: *10 minuti*
Tempo di cottura: *1 ora e un quarto*
Temperatura del forno: *190°*

Questo è un buon modo di usare un taglio di carne poco costoso come la spalla d'agnello. Comprate il pezzo più magro che riuscite a trovare, dato che la spalla è piuttosto grassa. Chiedete al vostro macellaio di togliere l'osso.

Agnello brasato *con sedano e cipolle*

Un'altra squisita ricetta per preparare l'agnello senza alterarne il sapore semplice e genuino.

3 cucchiai di olio d'oliva
2 gambi di sedano
375 g di cipolle sottaceto
1 kg di cosciotto o spalla d'agnello disossati e tagliati a pezzetti
2-3 rami di rosmarino, sminuzzati
2 foglie d'alloro
450 ml di brodo di pollo
sale e pepe nero macinato fresco

riscaldate l'olio in un tegame, aggiungete il sedano e le cipolle e soffriggete per 5 minuti.

unite la carne, metà del rosmarino, le foglie d'alloro, sale e pepe a piacere. Cuocete a fuoco moderato finché la carne non sarà rosolata su entrambi i lati.

versate il brodo e un po' d'acqua fino a coprire la carne.

mettete il coperchio e cuocete a fuoco lento per 1 ora circa, finché la carne non sarà tenera. Togliete le erbe aromatiche prima di mettere in tavola.

servite caldo, guarnendo con il rosmarino.

Ingredienti per 4 persone
Tempo di preparazione: *20 minuti*
Tempo di cottura: *1 ora e mezzo*

Agnello alla sarda
con pomodori e finocchio

È una ricetta della Sardegna, dove è tradizionale l'allevamento delle pecore. Il suo ingrediente principale è il finocchio, che dà alla salsa un sapore intenso e aromatico.

5 cucchiai di olio d'oliva
1 kg di cosciotto d'agnello disossato, tagliato a pezzetti
1 cipolla pelata e sminuzzata
400 g di pomodori pelati e passati
675 g di finocchio tagliato in quattro parti
sale e pepe nero macinato fresco

riscaldate l'olio d'oliva in una casseruola, aggiungete la carne e rosolate a fuoco moderato.

unite la cipolla e lasciate sul fuoco per altri 5 minuti. Quindi versate i pomodori e sale e pepe a piacere.

abbassate la fiamma, mettete il coperchio e cuocete a fuoco lento per 40 minuti, aggiungendo un po' d'acqua se gli ingredienti si ritirano troppo durante la cottura.

nel frattempo, lessate il finocchio in acqua bollente salata per 20 minuti. Scolatelo e tenete da parte l'acqua di cottura.

aggiungete il finocchio e la sua acqua di cottura alla casseruola e cuocete ancora per circa 20 minuti finché la carne non sarà tenera (a quel punto, gli ingredienti nella casseruola dovrebbero essersi ritirati abbastanza). Servite caldo, cospargendo di pepe nero.

Ingredienti per 4 persone
Tempo di preparazione: *20 minuti*
Tempo di cottura: *1 ora-1 ora e mezzo*

Cotolette alla Milanese

4 scaloppine di vitello, ognuna di circa 125 g
1-2 uova sbattute
pangrattato per l'impanatura
75 g di burro
sale e pepe nero macinato fresco

Per guarnire

spirali di scorza di limone
ciuffi di prezzemolo tritato

appiattite leggermente le scaloppine col batticarne.

passatele nell'uovo sbattuto e poi nel pangrattato.

fate sciogliere il burro in una padella grande e friggete le scaloppine per 2-3 minuti su ogni lato, finché non saranno tenere e non avranno assunto un bel colore dorato.

trasferite le scaloppine cotte su un piatto da portata caldo e cospargete di sale e pepe a piacere.

guarnite con spirali di scorza di limone, prezzemolo sminuzzato e servite immediatamente, accompagnando con fagiolini verdi.

Ingredienti per 4 persone
Tempo di preparazione: *10 minuti*
Tempo di cottura: *8-10 minuti*

Scaloppine alla Bolognese

La ricetta bolognese per cucinare le scaloppine di vitello arricchisce questa carne delicata con il sapore forte e col profumo del marsala, del formaggio e del prosciutto di Parma.

8 scaloppine di vitello, di circa 75 g
un po' di farina
75 g di burro
8 fette sottili di prosciutto di Parma
8 fette di Gruviera o Emmenthal
3 cucchiai di Marsala
3 cucchiai di brodo di pollo
sale e pepe nero macinato fresco

appiattite leggermente le scaloppine col batticarne, salatele e infarinatele.

sciogliete il burro in una padella grande e saltate le scaloppine per circa 6-8 minuti su entrambi i lati finché non saranno cotte e rosolate. Sistematele in una pirofila imburrata.

mettete una fetta di prosciutto su ogni scaloppina, e sopra questa una fetta di formaggio. Tenete in caldo e, nel frattempo, riscaldate il burro fuso rimasto nella padella.

aggiungeteci il Marsala e il brodo, e condite con del pepe. Portate ad ebollizione, mescolando con cura il fondo della padella con un cucchiaio di legno. Mettete la salsa nella pirofila intorno alle scaloppine e condite con altro pepe. Passate in forno già caldo a 230° o gratinate sotto il grill per 5-10 minuti finché il formaggio non si sarà fuso. Aggiungete una macinata di pepe nero e servite ben caldo.

Ingredienti per 4 persone
Tempo di preparazione: *10 minuti*
Tempo di cottura: *15-20 minuti*
Temperatura del forno: *230°*

Scaloppine di vitello
con salvia e prosciutto di Parma

Questo piatto è conosciuto anche come 'Saltimbocca alla romana'.

8 scaloppine di vitello, di circa 50 g
8 fettine sottilissime di prosciutto di Parma
8 foglie di salvia fresche
75 g di burro
75 ml di Marsala o vino bianco secco
sale
foglie di salvia fresche, per guarnire

battete le scaloppine col batticarne per assottigliarle, e ritagliate le fette di prosciutto per farle combaciare con le scaloppine.

salate leggermente le fettine e stendeteci sopra una foglia di salvia. A questo punto, ricopritele con una fetta di prosciutto, fissata con uno spiedino di legno (tenuto precedentemente a bagno in acqua fredda). Non fate degli involtini.

sciogliete 50 g di burro in una padella grande, poi aggiungete le scaloppine e saltatele velocemente su entrambi i lati, togliendo lo spiedino prima di voltarle. Rosolatele bene - per circa 6-8 minuti. Toglietele dalla padella e tenetele in caldo.

aggiungete al burro fuso nella padella il Marsala o il vino bianco. Portate ad ebollizione, mescolando bene il fondo della pentola con un cucchiaio di legno. Aggiungete il resto del burro e versate la salsa sulle scaloppine. Guarnite con foglie di salvia fresche.

Ingredienti per 4 persone
Tempo di preparazione: *10 minuti*
Tempo di cottura: *12-15 minuti*

Involtini di vitello alla milanese *farciti con prosciutto e parmigiano*

12 fettine di vitello
6 foglie di salvia fresca
2 fette di pancetta
50 g di burro
4 cucchiai di Marsala
4 cucchiai di vino bianco secco
3 foglie di salvia fresca sminuzzate

Ripieno

50 g di prosciutto affumicato a pezzettini
1 fegato di pollo finemente tritato
25 g di pangrattato fresco
2 cucchiai di parmigiano grattugiato fresco
1 uovo sbattuto
la punta di un cucchiaino di noce moscata grattugiata
sale e pepe nero macinato fresco

preparate il ripieno: mettete in un recipiente il prosciutto a pezzettini, il fegato di pollo tritato, il pangrattato, il parmigiano e il prezzemolo. Amalgamate il tutto con l'uovo sbattuto e insaporite con sale, pepe e noce moscata.

battete le fettine di vitello col batticarne o con un matterello. Mettete un po' di ripieno su ogni fettina e arrotolatela. Infilate due involtini e una foglia di salvia in uno spiedino di legno (che avrete prima bagnati in acqua fredda). Tagliate ogni fetta di pancetta in 3 pezzi e infilatene uno in ogni spiedino.

fate sciogliere il burro in una padella e rosolate bene gli involtini, girandoli ogni tanto. Togliete gli involtini dalla padella e teneteli in caldo mentre preparerete la salsa.

aggiungete il Marsala e il vino al burro fuso rimasto nella padella e portate ad ebollizione, mescolando con un cucchiaio di legno. Aggiungete le foglie di salvia sminuzzate e cuocete a fuoco lento per 3-5 minuti finché la salsa non si sia ristretta un po'. Versate la salsa sugli involtini e servite immediatamente.

Ingredienti per 4-6 persone
Tempo di preparazione: *15 minuti*
Tempo di cottura: *12-15 minuti*

Salamelle *con aglio e broccoli*

Il sapore genuino e piccante delle salamelle si sposa alla perfezione con quello robusto dei broccoletti verdi freschi.

25 g di lardo o grasso d'arrosto
2 spicchi d'aglio
1 pezzo di pimento in scatola
500 g di salamelle o salsicce nostrane
750 g di broccoli
sale e pepe nero macinato fresco

sciogliete il lardo o il grasso d'arrosto in un tegame, aggiungete l'aglio e rosolatelo lentamente.

unite il pimento, le salamelle e sale e pepe a piacere.

coprite con un foglio di carta d'alluminio e passate in forno già caldo a 190° per circa 45 minuti.

nel frattempo, lessate i broccoli in acqua bollente salata per 15 minuti finché non saranno teneri. Scolateli e sistemateli su un piatto da portata caldo.

aggiungete le salamelle e servite immediatamente.

Ingredienti per 4 persone
Tempo di preparazione: *5-10 minuti*
Tempo di cottura: *1 ora*
Temperatura del forno: *190°*

Fegatini di vitello *alla veneziana*

Una specialità tipicamente lagunare, che rende il sapore del fegato insolitamente delicato.

- 3-4 cucchiai di olio d'oliva
- 25 g di burro
- 500 g di cipolle affettate a velo
- 1 cucchiaio di prezzemolo tritato, più altro prezzemolo per guarnire
- 500 g di fegatini di vitello, a fette molto sottili
- 4 cucchiai di brodo di manzo
- sale e pepe nero macinato fresco
- altro prezzemolo per guarnire

riscaldate l'olio e il burro in una padella, aggiungete le cipolle e il prezzemolo e cuocete a fuoco lento per 2-3 minuti.

aggiungete il fegato, aumentate la fiamma e amalgamate col brodo.

cuocete il fegato per 5 minuti, poi toglietelo dal fuoco e regolate sale e pepe.

servite immediatamente su uno strato di patate, ricoperto di funghi saltati e guarnito di prezzemolo tritato.

Ingredienti per 4 persone
Tempo di preparazione: *5 minuti*
Tempo di cottura: *10-15 minuti*

Pollame e cacciagione

Pollo alla Marengo

Gamberi, uova e crostini fritti arricchiscono in maniera fantasiosa questo piatto di pollo brasato.

8-10 cucchiai di olio d'oliva
1,5 kg di pollo tagliato a pezzi
350 g di pomodori maturi pelati, senza semi e tagliati a pezzetti
2 spicchi d'aglio schiacciati
300 ml di vino bianco secco
2 fette di pane (spesse circa 5 mm) senza crosta tagliate in forma triangolare
4-6 gamberoni
4-6 uova
sale e pepe nero macinato fresco
2 cucchiai di prezzemolo tritato, per guarnire

riscaldate 2-3 cucchiai d'olio in un tegame, friggeteci il pollo finché non sia dorato su entrambi i lati e toglietelo dal tegame. Se necessario, togliete anche un po' d'olio, quindi versateci i pomodori, l'aglio e il vino bianco. Regolate il condimento mescolando con cura.

rimettete il pollo nel tegame, portate ad ebollizione e passate in forno già caldo a 190° per 35-45 minuti finché non sarà tenero.

nel frattempo, riscaldate altre 2-3 cucchiaiate di olio in una padella e friggete il pane su entrambi i lati, toglietelo dalla padella e tenetelo in caldo. Friggete quindi i gamberoni per 2-3 minuti e teneteli in caldo. Riscaldate altre 2-3 cucchiaiate d'olio d'oliva in un'altra padella e friggete le uova.

quando il pollo è cotto, sistematelo su un piatto da portata caldo (se necessario, continuate a bollire la salsa da sola fino a farla restringere). Controllate il condimento e versatela sopra il pollo.

sistemate i gamberoni, le uova e i crostini fritti intorno al pollo. Cospargete di prezzemolo prima di servire ben caldo.

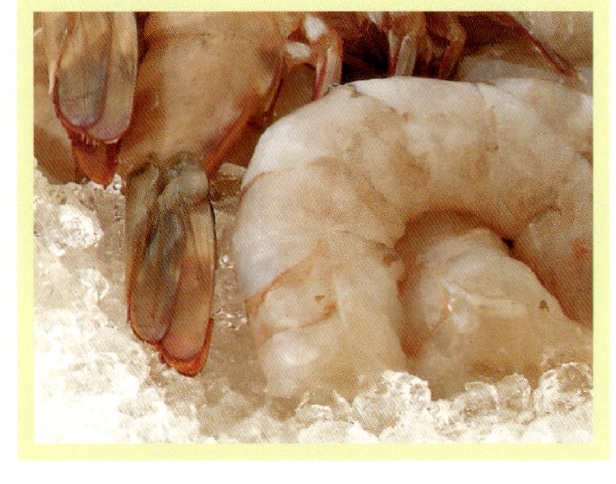

Ingredienti per 4-6 persone
Tempo di preparazione: *30-40 minuti*
Tempo di cottura: *50-55 minuti*
Temperatura del forno: *190°*

Pare che questo piatto sia stato creato dal cuoco di Napoleone dopo la battaglia di Marengo, utilizzando gli unici ingredienti che riuscì a trovare nei dintorni del campo di battaglia. Perché il tuorlo non si rompa, friggete le uova su entrambi i lati.

Pollo alla Cacciatora

4 cucchiai di olio d'oliva
4 fette di pancetta sminuzzata
1 pollo grande, di circa 1,5 kg, tagliato in 4 parti
2 spicchi d'aglio tritato grossolanamente
2 cipolle rosse, tritate grossolanamente
500 g di pomodori pelati a pezzetti
250 g di funghi a fettine
1 rametto di rosmarino
1 foglia d'alloro
150 ml di vino bianco secco
300 ml di brodo di pollo
sale e pepe macinato fresco
1 cucchiaio di prezzemolo fresco tritato, per guarnire

riscaldate l'olio in una padella abbastanza grande e friggete la pancetta per 2-3 minuti finché non sarà ben rosolata.

mescolate di quando in quando per non farla attaccare, quindi toglietela dalla padella e tenetela in caldo.

mettete nella stessa padella i pezzi di pollo e saltateli nell'olio, rigirandoli ogni tanto, finché non saranno ben rosolati.

toglieteli dalla padella e teneteli in caldo. Mettete nella stessa padella l'aglio, la cipolla, i pomodori e i funghi e cuocete a fuoco lento per 5 minuti, mescolando di quando in quando. Quindi, unite nuovamente il pollo.

aggiungete le erbe e innaffiate con il vino e il brodo di pollo. Cuocete a fuoco lento per circa 1 ora finché il pollo non sarà tenero e la salsa non sarà ritirata. Regolate sale e pepe e servite caldo.

Ingredienti per 4 persone
Tempo di preparazione: *15 minuti*
Tempo di cottura: *1 ora e 15 minuti*

Pollo fritto in poco olio

È ottimo accompagnato con un'insalata verde o della verdura fresca come piselli, fagioli, fagiolini o broccoli.

3 cucchiai di olio d'oliva
1 cucchiaio di burro
4 petti di pollo senza pelle
175 ml di vino bianco secco
4-6 foglie di salvia grossolanamente tritate
3 cucchiai di aceto balsamico
sale e pepe nero macinato fresco
foglie di salvia fresca, per guarnire

riscaldate l'olio e il burro in una padella antiaderente finché il burro non sarà fuso. A quel punto, aggiungete il pollo e cuocetelo a fuoco moderato per 5-7 minuti rosolandolo bene su entrambi i lati (giratelo una volta).

bagnate il pollo col vino e ricopritelo con la salvia sminuzzata e il pepe. Coprite e cuocete a fuoco basso per 15 minuti, ungendo ogni tanto la carne col burro fuso; a metà cottura, voltate il pollo.

trasferite i pezzi di carne in piatti da portata riscaldati e teneteli in caldo. Unite l'aceto balsamico al sugo contenuto nella padella, alzate la fiamma e mescolate finché non si sarà ristretto. Versatelo poi sopra il pollo, guarnite con foglie di salvia e servite immediatamente.

Ingredienti per 4 persone
Tempo di preparazione: *5 minuti*
Tempo di cottura: *25-30 minuti*

Conviene usare la carne del petto di pollo più vicina all'osso, che è la più tenera e succulenta, quindi è meno probabile che si secchi durante la cottura. I petti di pollo disossati sono più facili da trovare, ma dovete fare attenzione a ungerli frequentemente con burro o grasso e a non cuocerli troppo (il tempo di cottura totale dovrebbe essere di soli 15 minuti).

Galletti
interi alla griglia

2 galletti interi aperti e schiacciati per farli alla griglia (si veda qui sotto)
125 ml di olio d'oliva
6 cucchiai di succo di limone
2 cucchiai di grani di pepe misti, pestati grossolanamente in un mortaio
sale grosso o sale di roccia
spicchi di limone, da mettere in tavola

mettete i galletti in un piatto (non di metallo) e bucateli qua e là con la punta di un coltellino affilato.

amalgamate l'olio, il succo di limone e i grani di pepe pestati e pennellate con questa marinata i galletti, facendone entrare un po' nei fori fatti col coltellino.

preparate la griglia e date fuoco alla carbonella finché le fiamme non si siano smorzate e la brace non sia cinerina. Cospargete di sale la pelle dei galletti, poi adagiateli sulla griglia con la pelle rivolta verso la brace. Cuocete per 15 minuti, voltateteli sull'altro lato e lasciateli sulla griglia per altri 10 minuti.

togliete i galletti dalla griglia e tagliateli a metà nel senso della lunghezza con il trinciapollo. Servite caldi, tiepidi o freddi, con spicchi di limone da spremere sopra.

Ingredienti per 4 persone
Tempo di preparazione: *10 minuti, più la marinatura*
Tempo di cottura: *25 minuti*

Preparare i galletti per la griglia è facile. Con il petto del galletto rivolto verso il basso, tagliate lungo la spina dorsale con il trinciapollo. Gettate la spina dorsale (oppure usatela per preparare il brodo). Girate il galletto col petto verso l'alto e, usando i palmi della mani, premete con forza sullo sterno per romperlo. Per mantenere il galletto piatto durante la cottura, inserite due spiedi di metallo, uno attraverso le ali con il petto al centro, l'altro attraverso i cosci.

Cinghiale *con salsiccia e polenta*

Per la marinata
750 ml di vino rosso
1 cipolla tritata grossolanamente
1 carota tritata grossolanamente
1 gambo di sedano, a pezzetti
1 foglia d'alloro
1 rametto di salvia e rosmarino
1 cucchiaio di pepe nero in grani pestato
1 cucchiaio di bacche di ginepro pestate

1,5 kg di cinghiale tagliato a dadi grossi
6 cucchiai di olio d'oliva
1 cipolla finemente tritata
1 carota finemente tritata
1 gambo di sedano sminuzzato finemente
2 salamelle tagliate a tocchetti
600 ml di brodo di manzo
300 ml di vino rosso
125 ml di passata di pomodoro
2 cucchiai di prezzemolo liscio tritato
1 cucchiaino di salvia fresca tritata
1 cucchiaino di timo fresco tritato
sale e pepe nero macinato fresco
foglie di salvia fresca per guarnire

Per la polenta
750 ml d'acqua
250 ml di latte
250 g di polenta a cottura rapida
50 g di burro
1 cucchiaino di sale

iniziate preparando la marinata per la carne: mettete tutti gli ingredienti in una casseruola e portate ad ebollizione. Versate il composto in un recipiente grande, fatelo raffreddare, poi immergeteci la carne. Coprite e lasciate marinare in frigorifero per una notte. Il giorno dopo, togliete la carne dalla marinata con un cucchiaio scanalato e asciugatela con carta da cucina. Buttate la marinata.

riscaldate l'olio in un tegame, aggiungete l'aglio, la cipolla, il sedano e la carota e teneteli a fuoco lento per circa 5 minuti, mescolando spesso, in modo che diventino teneri ma non rosolati.

aggiungete la carne e la salsiccia e rosolate a fuoco moderato, mescolando di quando in quando; unite quindi il brodo, il vino e la passata di pomodoro e portate ad ebollizione. Abbassate la fiamma , mettete le erbe aromatiche, sale e pepe, coprite e cuocete a fuoco lento per 2 ore finché la carne non sarà tenera.

preparate la polenta: portate ad ebollizione l'acqua in un grande paiolo, aggiungete 1 cucchiaino di sale, poi versateci a filo la polenta, mescolando continuamente con un cucchiaio di legno. Cuocete a fuoco lento, continuando a mescolare costantemente, per 8 minuti (o in base al tempo indicato sulla confezione). Togliete il paiolo dal fuoco, metteteci il burro e mescolate finché non si sarà fuso.

distribuite la polenta in 4 piatti da portata caldi, poi versateci sopra e intorno un cucchiaio di salsa di stufato. Decorate con foglie di salvia e servite immediatamente.

Ingredienti per 4 persone
Tempo di preparazione: *30 minuti, più il tempo per marinare*
Tempo di cottura: *2 ore-2 ore e mezza*

Questa ricetta è adatta anche per tutti gli altri tipi di cacciagione, perché esalta le carni dal sapore robusto.

Pollo *con pomodori e pimento*

Molto facile da preparare, questo piatto si può servire con patate lesse e un'insalata mista.

3-4 cucchiai di olio d'oliva
1 cipolla piccola affettata
2 spicchi d'aglio schiacciati
1,25 kg di pollo pronto da mettere in forno, già tagliato a pezzi
1 pezzetto di pimento in scatola sminuzzato
4 pomodori di media grandezza
1 cucchiaio di concentrato di pomodoro
3-4 cucchiai di vino bianco secco
qualche rametto di rosmarino
6-8 cucchiai di brodo di pollo
sale e pepe nero macinato fresco

riscaldate l'olio in un tegame, metteteci la cipolla e l'aglio e soffriggete per 15 minuti.

unite i pezzi di pollo con il pimento, i pomodori e sale e pepe e rosolate a fuoco moderato, mescolando ogni tanto.

allungate il concentrato di pomodoro con un po' d'acqua tiepida, poi versatelo nel tegame con il vino.

abbassate la fiamma, coprite e continuate a cuocere a fuoco lento per 30 minuti.

sminuzzate un rametto di rosmarino e spargetelo sopra il pollo.

cuocete per altri 30 minuti, aggiungendo un po' di brodo per inumidire, finché il pollo non sarà tenero.

servite caldo, decorato con il rosmarino.

Ingredienti per 4 persone
Tempo di preparazione: *20-30 minuti*
Tempo di cottura: *1 ora e mezza*

Pollo arrosto
ripieno di uova e formaggio

25 g di burro
1,5 kg di pollo precotto con le interiora
150 g di pangrattato
3 pomodori pelati a pezzetti
1 uovo sbattuto
100 g di pecorino grattugiato
7 cucchiai di latte
4 cucchiai di panna da cucina
1 uovo sodo
4 cucchiai di olio d'oliva
sale e pepe nero macinato fresco

sciogliete il burro in una casseruola col fondo pesante, sminuzzate le interiora di pollo e aggiungeteci il pangrattato. Soffriggete per 10 minuti.

unite quindi il pangrattato e friggetelo nella casseruola, aggiungete poi i pomodori e cuocete a fuoco lento per 10 minuti. Togliete la casseruola dal fuoco e fate raffreddare.

aggiungete le uova al composto con il formaggio, il latte, la panna, sale e pepe (a piacere).

amalgamate bene gli ingredienti e riempite il pollo con questa farcitura, mettendo al centro l'uovo sodo. Cucite l'apertura del pollo con del filo o uno spago.

mettete il pollo in una teglia per arrosti sottile e conditelo con olio d'oliva, sale e pepe.

passate in forno già caldo a 200° per mezz'ora finché il pollo non sarà tenero. Servite immediatamente.

Ingredienti per 6 persone
Tempo di preparazione: *30 minuti*
Tempo di cottura: *1 ora e mezzo- 2 ore*
Temperatura del forno: *200°*

Faraona
saltata nel burro con pomodori

Un tempo parte della selvaggina da penna, la faraona, della stessa famiglia del fagiano, è diventata oggi un animale da cortile. La sua carne ha un sapore molto particolare ed è gustosa arrosto e in casseruola.

1,5 kg di faraona trinciata (si veda sotto)
50 g di burro
2-3 cucchiai di olio d'oliva
450 g di pomodori freschi pelati
oppure 400 g di pomodori in scatola, senza semi e tagliati a fettine
sale e pepe
1 cucchiaio di prezzemolo tritato per guarnire

insaporite la faraona con sale e pepe. Riscaldate l'olio e il burro in una casseruola e rosolate bene i pezzi di faraona su entrambi i lati su un fuoco vivace.

abbassate la fiamma, mettete un coperchio che chiuda perfettamente e cuocete a fuoco lento per 25-35 minuti, mescolando ogni tanto i pezzi di faraona, finché non saranno teneri.

scolate gran parte del grasso dalla casseruola e unite i pomodori. Lasciateli sul fuoco finché non si saranno ristretti leggermente; aggiungete sale e pepe. Sistemate su un piatto da portata, cospargete di prezzemolo e servite caldo con patatine rotonde arrosto.

Ingredienti per 4 persone
Tempo di preparazione: *15-20 minuti*
Tempo di cottura: *40-45 minuti*

Per trinciare la faraona, mettetela su un tagliere, a petto in su, e tagliate la pelle tra il corpo e i cosci. Premete l'intero arto (coscio e sopracoscio) verso l'esterno per rompere la giuntura. Tagliate la carne, i nervi o la pelle che tengono uniti gli arti inferiori alla carcassa. Quindi, incidete la giuntura tra il coscio e il sopracoscio e ripetete poi dall'altro lato. Tagliate e gettate le punte delle ali. Separate il petto dall'ala e rompete la giuntura dell'ala allo stesso modo del coscio. Praticate un'incisione attraverso questa giuntura. Infine, tagliate il petto in due parti.

Petti di tacchino
con parmigiano, uova e spinaci

2 uova
50 g di parmigiano grattugiato
3-4 cucchiai d'olio d'oliva
300 g di spinaci sminuzzati
un pizzico di noce moscata
4 fette di pancetta senza cotenna abbastanza magra
2 filetti di petto di tacchino di circa 250-300 g
25 g di burro
300 ml di vino bianco secco
mezzo cucchiaino di rosmarino sminuzzato
sale e pepe nero macinato fresco

sbattete le uova con la metà del parmigiano, salate e pepate. Riscaldate una cucchiaiata scarsa di olio d'oliva in una padellina di 15 cm di diametro. Friggete le uova finché la superficie non sarà dorata, quindi giratele e friggete l'altro lato (fate con le due uova due frittate separate).

riscaldate un cucchiaio d'olio in un'altra padella e cuocete gli spinaci a fuoco moderato finché non saranno teneri. Condite con noce moscata, sale e pepe.

mettete ogni frittata, metà degli spinaci e 2 fette di pancetta su ogni filetto di petto di tacchino, arrotolatelo in direzione dell'estremità a punta e fissate con uno stuzzicadenti, (che avrete prima bagnato con acqua fredda) e uno spago.

sciogliete il burro e un cucchiaio di olio in un tegame e rosolate il tacchino da entrambe le parti. Versate il vino, aggiungete il rosmarino, regolate sale e pepe. Coprite con un foglio di carta d'alluminio e passate in forno già caldo a 180° per 1 ora-1ora e un quarto, finché la carne non sarà tenera. Togliete i filetti di tacchino dal tegame e rimuovete gli stuzzicadenti e lo spago. Tagliateli a fette spesse e sistemateli in un piatto e condite col sugo di cottura. È un piatto da servire caldo con spinaci freschi al vapore.

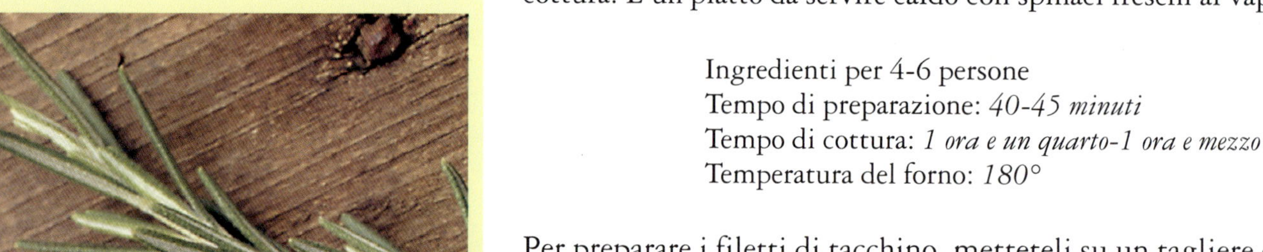

Ingredienti per 4-6 persone
Tempo di preparazione: *40-45 minuti*
Tempo di cottura: *1 ora e un quarto-1 ora e mezzo*
Temperatura del forno: *180°*

Per preparare i filetti di tacchino, metteteli su un tagliere e con un coltellino praticate un'incisione nella parte più spessa. Tagliate quasi fino ad arrivare all'altro lato per tutta la lunghezza del filetto, poi apritelo e appiattitelo bene col batticarne. Togliete i tendini bianchi, chiaramente visibili, con la punta di un coltello.

Tacchino arrosto
con ginepro e melagrane

2 kg di tacchino precotto con le interiora
50 g di burro a cubetti
150 ml di olio d'oliva
4 bacche di ginepro
2 rametti di rosmarino (1 per guarnire)
200 ml di vino bianco secco
2 melagrane
il succo di mezzo limone
4 cucchiai di brodo di pollo
sale e pepe nero macinato fresco

insaporite il tacchino - dentro e fuori - col sale, poi cospargete l'interno con un terzo del burro. Cucite l'apertura con un filo o uno spago. A questo punto, mettete il tacchino in una teglia per arrosti oleata.

ungetelo col resto del burro, 7 cucchiai d'olio, aggiungete le bacche di ginepro e il rosmarino, poi bagnatelo col vino. Arrostite in forno già caldo a 180° per 1 ora e mezzo, pennellando la carne di tanto in tanto con il vino e i liquidi di cottura.

aggiungete il succo di 1 melagrana e cuocete per un'altra ora finché la carne non sarà quasi tenera.

nel frattempo, tritate finemente il fegato di tacchino e il ventriglio. Riscaldate l'olio in una casseruola col fondo pesante e soffriggeteli fino a che non siano ben rosolati. Togliete dal fuoco e mettete da parte.

unite al tacchino il succo di un'altra melagrana e sale e pepe a piacere. Arrostite per altri 10 minuti, poi togliete il tacchino e tagliatelo a pezzi, che sistemerete su una pirofila.

eliminate il grasso dal fondo di cottura e rimettete la teglia sul fuoco basso. Aggiungete il succo di limone e il brodo e sobbollite finché il liquido non si sarà ristretto della metà. Filtrate e versate nella casseruola con le interiora. Cospargete i pezzi di tacchino con questo sugo, quindi rimetteteli in forno per altri 7-8 minuti. Servite immediatamente guarnendo con un rametto di rosmarino fresco.

Ingredienti per 8 persone
Tempo di preparazione: *30 minuti*
Tempo di cottura: *2 ora e 50 minuti*
Temperatura del forno: *180°*

Fagiano brasato

1,25 kg di fagiano pulito
sale
4 fette di pancetta senza cotenna
4 cucchiai di olio d'oliva
1 cipolla tritata
1 carota tritata
1 gambo di sedano sminuzzato
1 foglia d'alloro
150 ml di brodo di pollo

Risotto

50 g di burro
1 cipolla piccola tritata
325 g di riso Arborio
3-4 cucchiai di vino bianco secco
1 litro di brodo di pollo caldo
50 g di parmigiano grattugiato
pepe nero macinato fresco

insaporite il fagiano, dentro e fuori, con il sale, quindi avvolgetelo con la pancetta e legatelo con uno spago.

riscaldate l'olio in una casseruola, aggiungete le verdure tritate e la foglia d'alloro e soffriggete fino a far prendere colore. Metteteci il fagiano e rosolatelo bene su tutta la superficie; quindi abbassate la fiamma, coprite con un coperchio che chiuda perfettamente e cuocete a fuoco lento per 40 minuti finché la carne non sarà tenera; versate ogni tanto del brodo per evitare che la carne si attacchi al fondo.

nel frattempo, preparate il risotto. Sciogliete il burro in una casseruola col fondo pesante e fateci appassire la cipolla a fuoco lento. Buttateci il riso e mescolate per 2-3 minuti a fuoco moderato, poi aggiungete il vino e lasciate bollire finché non sarà evaporato, mescolando continuamente. Lasciate sul fuoco per altri 20 minuti, aggiungendo ogni tanto una tazza di brodo, man mano che il liquido viene assorbito.

togliete dal fuoco, mescolateci il parmigiano e sale e pepe a piacere, poi mettetelo su un piatto da portata caldo. Togliete il fagiano dalla casseruola e mettetelo sopra il risotto. Versateci sopra qualche cucchiaiata del sugo di cottura e servite immediatamente.

Ingredienti per 4-6 persone
Tempo di preparazione: *30 minuti*
Tempo di cottura: *1 ora e 10 minuti*

Accompagnando il fagiano con il risotto, si ha una gustosa variante di questa tipica ricetta di cacciagione - che può essere servita anche come piatto unico.

Coniglio nostrano
brasato con olive e vino rosso

Il coniglio allevato dai contadini ha una carne ottima e saporita, che questa ricetta esalta alla perfezione.

7 cucchiai di olio d'oliva
1,25 kg di coniglio nostrano, tagliato a pezzi
2 spicchi d'aglio sminuzzati
1 rametto di rosmarino sminuzzato
200 ml di vino rosso
6-8 cucchiai di brodo di pollo
2 pomodori pelati e passati
250 g di olive nere, snocciolate e tagliate a metà
sale e pepe nero macinato fresco

riscaldate l'olio in una casseruola, unite il coniglio e insaporitelo col rosmarino e l'aglio.

soffriggete piano voltando spesso il coniglio, finché non sia ben rosolato su entrambi i lati.

aggiungete il vino e sale e pepe a piacere. Coprite e fate cuocere a fuoco lento per 30 minuti, allungando con un po' di brodo, se necessario.

aggiungete i pomodori e le olive e cuocete per altri 40 minuti finché la carne non sarà tenera. Servite ben caldo. Potrete accompagnare il coniglio con delle tagliatelle, che costituiranno una simpatica variante rispetto al solito pane.

Ingredienti per 4 persone
Tempo di preparazione: *10 minuti*
Tempo di cottura: *1 ora e un quarto*

Se possibile, cercate di comprare un coniglio nostrano, considerato che il sapore è di gran lunga migliore di quello del coniglio di allevamento. Se non riuscite a trovarlo, usatene uno d'allevamento - sarà comunque buono.

Coniglio in salmì
con pancetta e finocchio

250 g di finocchio (solo la parte verde), tagliato in quattro parti
3 spicchi d'aglio pelati
1,25 kg di coniglio con il fegato
125 g di pancetta affumicata o prosciutto
7 cucchiai di olio d'oliva
125 g di pangrattato fresco, lasciato a bagno in un po' di latte e asciugato di nuovo
sale e pepe nero macinato fresco
pezzettini di finocchio per guarnire

mettete il finocchio e 2 spicchi d'aglio in acqua bollente salata e lessate per 15 minuti. Scolate bene, tenendo da parte l'acqua di cottura, dopo aver tolto l'aglio. Tritate finemente il finocchio.

sminuzzate il fegato con la pancetta o il prosciutto e l'aglio rimasto. Riscaldate 2 cucchiai di olio in una casseruola, unite il finocchio e il fegato tritato.

cuocete a fuoco lento per 10 minuti, poi aggiungete il pangrattato e sale e pepe a piacere. Amalgamate il tutto e farcite il coniglio con questo preparato, quindi cucite l'apertura con filo o spago.

mettete il coniglio in una teglia per arrosti e insaporitelo con olio, sale e pepe a piacere.

coprite con un foglio d'alluminio e passate in forno già caldo a 180° per 1 ora e mezzo, finché la carne non sarà tenera. Di tanto in tanto, pennellate il coniglio con il liquido di cottura. Trasferite il coniglio su un piatto da portata guarnito con pezzetti di finocchio. Servite ben caldo.

Ingredienti per 4 persone
Tempo di preparazione: *15-20 minuti*
Tempo di cottura: *2 ore*
Temperatura del forno: *180°*

Lepre in salmì

La lepre ha un sapore molto forte e la marinata aromatica di ginepro e pepe in grani ne esalta l'aroma caratteristico.

I lepre di media grandezza, tagliata a pezzi
marinata per 4-6 persone (per gli ingredienti si veda qui sotto)
50 g di farina
50 g di burro
2 cucchiai d'olio d'oliva
2 cucchiai di brandy
sale e pepe

mettete i pezzi di lepre in un recipiente grande con le verdure, le erbette, le spezie, il vino rosso e l'aceto della marinata. Coprite e mettete in frigo per 24-48 ore, rigirando la lepre nel liquido di quando in quando.

togliete la carne dalla marinata e scolatela bene. Infarinatela e riscaldate l'olio e il burro in un tegame, dove rosolerete la lepre.

versate tutta la marinata nella casseruola e insaporite col sale. Portate ad ebollizione, coprite con un coperchio che chiuda perfettamente e passate in forno già caldo a 190° per circa 2 ore finché la carne non sarà tenera.

togliete la lepre dalla casseruola e mettetela su un piatto da portata caldo. Buttate le erbe e le spezie contenute nel fondo di cottura e frullate le verdure in un frullatore o un passatutto. Rimettetele quindi nella casseruola e aggiustate, se necessario, la consistenza del sugo e il condimento. Aggiungete il brandy, portate ad ebollizione e versate il sugo sopra la lepre; servite caldo (potrete accompagnare con della pasta).

Ingredienti per 4-6 persone
Tempo di preparazione: *30-40 minuti, più la marinatura*
Tempo di cottura: *2 ore un quarto-2 ore e 45 minuti*
Temperatura del forno: *190°*

Le marinate rendono la cacciagione e le altre carni più tenere e danno loro un sapore particolare. Questa è la ricetta della tipica marinata: 1 carota, 1 gambo di sedano e una cipolla grande, tutto affettato finemente, 1-2 spicchi d'aglio schiacciati, 6-8 ciuffi di prezzemolo, 1 rametto di timo o rosmarino, 2 foglie d'alloro, 4 bacche di ginepro, 8 grani di pepe, 600 ml di vino rosso.

Capriolo
con brandy e salsa di ribes

625-750 g di capriolo a cubetti
marinata per 4-6 persone (si veda pag 164)
2 cucchiai di olio d'oliva
125 g di pancetta senza cotenna a cubetti
2-3 cucchiai di farina
6-8 cucchiai di marmellata di ribes
2 cucchiai di grappa o brandy
sale e pepe

mettete il capriolo e la marinata in una ciotola, copritela e mettetela in frigo per almeno 24 ore, rigirando ogni tanto la carne. Toglietelo quindi dalla marinata e scolatelo con cura.

riscaldate l'olio in una pentola e rosolate bene la pancetta, quindi toglietela dal fuoco. Infarinate il capriolo, insaporitelo con sale e pepe e rosolatelo nell'olio bollente su entrambi i lati.

aggiungete la pancetta e la marinata. Insaporite leggermente, coprite con un coperchio e lasciate cuocere a fuoco lento oppure passate in forno già caldo a 180° per 1 ora e mezzo-2 ore.

togliete il capriolo dalla pentola, copritelo e tenete in caldo. Filtrate il fondo di cottura in una padella e mescolateci 2 cucchiai di marmellata di ribes. Lasciate bollire finché la salsa non si sarà ristretta. Versatela sopra la carne e tenetela in caldo.

sciogliete la restante marmellata in una casseruola e mescolate finché non sarà uniforme. Unite la grappa o il brandy e lasciate bollire per circa un minuto. Versate in una salsiera e servite separatamente.

Ingredienti per 4-6 persone
Tempo di preparazione: *30-35 minuti, più 24 ore per la marinatura*
Tempo di cottura: *1 ora e mezzo-2 ore e mezzo*
Temperatura del forno: *180°*

Per questo piatto, le porzioni di carne ideali sono quelle esterne o la spalla. Qualsiasi pezzo darà comunque buoni risultati, perché il capriolo ha una carne molto magra.

Pizza, riso e polenta

Pasta base
per la pizza fatta in casa

È utile saper fare da soli la pasta per la pizza, un'occupazione molto semplice e divertente.

25 g di lievito fresco
300 ml di acqua tiepida
425 g di farina tipo 00,
più altra farina per lavorare l'impasto
1 cucchiaino di sale

sciogliete il lievito in un po' d'acqua tiepida. Passate al setaccio la farina e mettetela col sale in un recipiente grande o sulla spianatoia.

fate un buco nel centro e versateci il lievito sciolto e l'acqua tiepida rimasta. Usando le mani, con un movimento circolare dal centro verso l'esterno, amalgamate la farina nel liquido, fino a formare un impasto elastico.

se avete formato l'impasto in un recipiente, stendetelo sulla spianatoia (o su una superficie di lavoro) infarinata e lavoratelo bene, aggiungendo farina se necessario, finché non si attaccherà più alle dita e al piano di lavoro. Lavorate la pasta per circa 10 minuti finché non sarà uniforme ed elastica. A questo punto, se volete ricavarne più di una pizza, dividete la pasta in tanti pezzi quanti ve ne servono, e date loro una forma sferica.

cospargete di farina il fondo di un recipiente e lasciate lievitare la pasta - coprendo il recipiente con un panno - per circa 1 ora (il tempo dipenderà anche dal calore della cucina). La pasta è pronta da stendere quando, per la lievitazione, sarà aumentata circa del doppio.

Ingredienti per 2 pizze grandi o 4 pizze piccole
Tempo di preparazione: *10 minuti,*
più il tempo di lavorazione e lievitazione della pasta

Le teglie per pizza o le tortiere vi aiuteranno a dare alla pizza la sua forma, più di quanto non facciano le teglie da forno normali. La pasta si stende in modo da darle uno spessore sottile, di circa 5 mm.

Pizza fresca *con uova e cipolla*

4-5 cucchiai di olio d'oliva
750 g di cipolle affettate a velo
pasta base per pizza (usate la metà degli ingredienti indicati a pag 170)
2-3 uova sode a fettine
sale e pepe
1-2 cucchiai di prezzemolo tritato per guarnire

riscaldate 3-4 cucchiai di olio in una padella e, a fuoco moderato, dorate leggermente le cipolle. Insaporite con sale e pepe.

stendete la pasta in dischi di 2 x 30 cm e metteteli in una teglia. Cospargete la superficie con le cipolle cotte.

passate in forno già caldo a 230° per 15-20 minuti finché la pizza non sarà lievitata e ben dorata.

sistemate le fettine d'uovo sodo sopra le pizze, ungete col resto dell'olio e rimettete in forno per altri 2-3 minuti. Poco prima di servire, cospargete di prezzemolo tritato.

Ingredienti per 2 persone
Tempo di preparazione: *20 minuti*
Tempo di cottura: *15-20 minuti*
Temperatura del forno: *230°*

La pizza di questa ricetta può essere servita sia calda che fredda. Se la servirete fredda, conviene non rimetterla in forno dopo aver sistemato le uova sode sulla superficie.

Pizza di Pasqua

Il riferimento festivo del nome di questa pizza è giustificato dalla invitante ricchezza dell'impasto e della farcitura.

3 uova
75 g di parmigiano grattugiato
75 g di pecorino grattugiato
pasta base per pizza (dosi a pag 170)
125 ml di olio d'oliva
150 g di farina tipo 00
175-250 g di salame
1-2 uova sode a fettine
un po' di olio d'oliva in più
sale e pepe nero macinato fresco
olive nere, per guarnire

sbattete le uova coi formaggi e insaporite con il sale. Lavorate bene la pasta per la pizza e stendetela, dandole la forma di un piccolo disco. Versate al centro un po' d'olio d'oliva e farina. Ripiegate i bordi, stendete di nuovo e formate un disco; ripetete il procedimento finché l'olio e la farina non verranno incorporati completamente. Lavorate bene fino ad ottenere una pasta soffice e liscia.

stendete di nuovo formando un disco abbastanza grande, al centro del quale metterete le uova sbattute. Ripiegate i bordi sopra il centro e lavorate la pasta fino ad incorporare le uova. Mettetela poi in un recipiente oleato, copritelo con un panno e tenete al caldo per 1 ora-1 ora e mezzo finché non sarà lievitata più o meno del doppio.

trasferite quindi la pasta su una spianatoia, stendete la pizza e mettetela in una teglia rotonda oleata di 25 cm. Coprite con un panno e lasciate riposare finché non sarà lievitata. Passate in forno già caldo a 230° finché non sarà dorata.

ribaltatela su una teglia e passate di nuovo in forno, capovolta, fino a quando non sarà dorata. Sistemate sopra il salame, le uova sode e le olive. Ungete le uova con un filo d'olio d'oliva e rimettete qualche minuto in forno per riscaldare un po' i nuovi ingredienti. Servite immediatamente spolverata con pepe nero.

Ingredienti per 8-10 persone
Tempo di preparazione: *30 minuti, più il tempo per lievitare*
Tempo di cottura: *25-30 minuti*
Temperatura del forno: *230°*

Se questa pizza è troppo grande per le vostre esigenze, dimezzate le quantità e mettetela in forno in una teglia di 18-20 cm.
Ad ogni modo, la quantità di lievito dovrà rimanere la stessa.

Risotto allo zafferano
con salsicce e peperoni

Un primo piatto profumato che rallegra la tavola coi suoi colori. Il riso più adatto per i risotti è il riso Arborio.

- un pizzico di zafferano in stami
- 3 cucchiai di olio d'oliva
- 1 carota piccola finemente tritata
- 1 cipolla piccola finemente tritata
- 1 gambo di sedano finemente tritato
- 250 g di salsicce a cubetti
- 2 foglie di salvia fresca
- 2 peperoni verdi e rossi, privati dei semi e della parte bianca centrale e tagliati a striscioline
- 400 g di pomodori pelati in scatola scolati, senza semi, tagliati a striscioline
- 375 g di riso Arborio
- 50-75 g di parmigiano grattugiato
- sale e pepe nero macinato fresco
- un rametto di salvia fresca per guarnire

mettete lo zafferano in un piccolo recipiente, versateci sopra 2 cucchiai di acqua bollente e lasciate riposare.

riscaldate l'olio e rosolate la carota, la cipolla e la salsiccia. Unite la salvia e i peperoni e lasciate sul fuoco ancora per qualche minuto, poi aggiungete i pomodori e metà del loro succo. Insaporite e lasciate sul fuoco per altri 30 minuti, unendo, se necessario, il succo rimasto nel barattolo, finché le verdure non saranno diventate tenere e gran parte del liquido non sarà evaporato.

nel frattempo, lessate il riso in una pentola d'acqua bollente salata per 12-15 minuti, quindi scolate bene, rimettetelo nella pentola e mescolatelo allo zafferano (mescolate bene, così che il riso diventi del colore giallo dello zafferano). Lasciatelo cuocere a fuoco lento finché il riso non sarà asciutto.

aggiungete le verdure, la salsiccia e parmigiano a piacere. Mettete tutto in una pirofila e passate in forno già caldo a 200° per 5-10 minuti finché non diventi dorato. Servite caldo, guarnendo con la salvia.

Ingredienti per 4 persone
Tempo di preparazione: *20-25 minuti*
Tempo di cottura: *50-60 minuti*
Temperatura del forno: *200°*

Se non riuscite a trovare lo zafferano in stami, usate quello in polvere: il modo di usarlo è lo stesso.

Risotto cremoso
con fontina e gorgonzola

375 g di riso a grano lungo
150 g di fontina
150 g di gorgonzola
450 ml di latte
75 g di burro
40 g di farina tipo 0
175 ml di panna da cucina
sale e pepe

fate bollire il riso in acqua salata e scolatelo quando sarà al dente.

togliete la crosta dalla fontina, tagliate il formaggio a cubetti e mettetelo in una ciotola. Sminuzzate il gorgonzola in pezzetti molto piccoli. Scaldate il latte in un pentolino a fuoco basso.

sciogliete due terzi del burro in una casseruola, aggiungete la farina, poi unite il latte caldo a filo, mescolando continuamente per ottenere una salsa.

unite un po' alla volta i pezzetti di gorgonzola e insaporite con un pizzico di sale e pepe. Togliete dal fuoco e mescolate.

mettete il riso scolato nella ciotola con la fontina a cubetti e uniteci il resto del burro. Amalgamate il tutto con cura.

mettete uno strato di riso in una pirofila imburrata, ricopritelo con un terzo della salsa di gorgonzola, aggiungete un altro strato di riso seguito dalla metà del gorgonzola rimasto e ripetete ancora una volta gli strati.

passate la pirofila in forno già caldo a 180° per 10 minuti, quindi servite immediatamente. Per ottenere i migliori risultati, il riso deve essere molto caldo, ma ricordate che la salsa in superficie non dovrebbe diventare scura.

Ingredienti per 4 persone
Tempo di preparazione: *10 minuti*
Tempo di cottura: *30-40 minuti*
Temperatura del forno: *180°*

Polenta
con fontina

La polenta è uno degli alimenti fondamentali della cucina settentrionale. È fatta di farina di granturco, che le dà un sapore caratteristico e un colore dorato.

- 2 litri d'acqua
- 325 g di polenta fine
- 250 g di fontina a cubetti
- 50 g di parmigiano grattugiato
- 150 g di burro fuso
- sale e pepe nero macinato fresco

portate ad ebollizione l'acqua in un paiolo capiente e versateci la polenta a pioggia, mescolando continuamente.

aggiungete sale e pepe a piacere e continuate a mescolare con cura.

unite la fontina e cuocete a fuoco molto lento per 8 minuti (o 45 se non volete usare la polenta a cottura rapida), senza smettere di mescolare.

versate la polenta in un piatto piano e cospargetela con parmigiano e un po' di pepe. Versate il burro fuso sulla superficie e servite immediatamente.

Ingredienti per 4-6 persone
Tempo di preparazione: *10 minuti*
Tempo di cottura: *45 minuti*

La polenta deve essere mescolata senza interruzioni durante la cottura, per evitare che si formino grumi (cuocere la polenta istantanea o a cottura rapida è più facile e veloce). Inoltre, la polenta schizza e spruzza mentre bolle, e bisogna fare attenzione a non stare troppo sopra la pentola. Deve essere mescolata con l'apposito bastone di legno o con un cucchiaio dal manico molto lungo.

Risotto alla contadina
con verdure miste

Un risotto sano e dal sapore fresco è sempre benvenuto. Questa ricetta può essere variata secondo le verdure che abbiamo a disposizione.

50 g di burro
2 cucchiai di olio d'oliva
1 cipolla grande finemente tritata
2 spicchi d'aglio schiacciati
125 g di piselli sgusciati freschi o surgelati
125 g di punte d'asparagi freschi
125 g di zucchine piccole a fette
425 g di riso Arborio
500 g di pomodori pelati freschi oppure 425 g di pomodori in scatola,
entrambi senza semi e tagliati a pezzetti
1,25 litri di brodo di pollo
12-3 cucchiai di parmigiano grattugiato
sale e pepe
foglie di basilico fresco per guarnire

riscaldate l'olio e il burro in una casseruola col fondo alto e fateci dorare la cipolla e l'aglio.

unite i pisellini freschi (se non userete quelli surgelati), gli asparagi e le zucchine e cuocete per 2-3 minuti. Versateci il riso e mescolate con cura. Unite i pomodori e il brodo un po' alla volta. Insaporite a piacere con sale e pepe.

mescolate bene e lasciate cuocere a fuoco lento per circa 18 minuti, aggiungendo ogni tanto brodo caldo o acqua, se necessario, per non far asciugare troppo il riso. Se usate piselli surgelati, aggiungeteli a 5 minuti dal termine della cottura. Quando il riso sarà tenero, controllate se è giusto di sale e pepe e mescolateci il parmigiano.

versate il risotto su un piatto da portata e cospargete con basilico poco prima di servire molto caldo.

Ingredienti per 4 persone
Tempo di preparazione: *25-30 minuti*
Tempo di cottura: *35-40 minuti*

Risotto *ai funghi di bosco*

125 g di burro
1 cipolla finemente tritata
375 g di funghi di bosco (si veda sotto) affettati finemente
500 g di riso Arborio
1,2 litri di brodo di pollo bollente
mezzo cucchiaino di zafferano in polvere o in stami
40 g di parmigiano grattugiato, più dell'altro formaggio per servire in tavola
sale e pepe nero macinato fresco

sciogliete la metà del burro in una padella per friggere abbastanza grande e fateci appassire la cipolla. Fate attenzione che non prenda troppo colore.

unite i funghi a fettine e cuocete per 2-3 minuti, mescolando ogni tanto. Buttate il riso, quindi mescolate e cuocete a fuoco basso finché i grani di riso non siano diventati tutti brillanti e trasparenti ai bordi.

versate un mestolo di brodo di pollo e continuate a cuocere a fuoco moderato finché non verrà assorbito. Continuate ad aggiungere brodo in questo modo finché il riso non sarà completamente cotto e tenero, e tutto il liquido non sia stato assorbito. Ci vorranno 15-20 minuti.

aggiungete lo zafferano a metà cottura. Mescolate frequentemente per evitare che il riso si attacchi al fondo della pentola. Insaporite con sale e pepe.

quando il riso sarà cotto, incorporateci con cura il burro rimasto e il parmigiano. Il risotto non dovrebbe essere troppo asciutto: dovrebbe rimanere invece abbastanza cremoso. Servite con il parmigiano grattugiato.

Ingredienti per 4 persone
Tempo di preparazione: *5 minuti*
Tempo di cottura: *30 minuti*

Qualsiasi fungo fresco di bosco sarà ottimo con questo risotto, comunque in mancanza di funghi freschi potrete usare quelli secchi confezionati. Prima, però, lasciateli a bagno per 20-30 minuti in acqua tiepida.

Risotto ai frutti di mare
con cozze e canestrelli

Uno dei vantaggi del risotto è la possibilità di cambiare gli ingredienti secondo la fantasia del cuoco - quindi potrete usare qualunque altro tipo di molluschi o crostacei troverete dal vostro pescivendolo.

250 g di cozze nei loro gusci
4 cucchiai di olio d'oliva
1 cipolla sminuzzata
2 spicchi d'aglio schiacciati
375 g di riso Arborio
1,8 litri di brodo di pesce
125 ml di vino bianco secco
qualche stame di zafferano
250 g di gamberetti lessati e sgusciati
250 g di canestrelli
250 g di calamari lessati
sale e pepe nero macinato fresco

Per guarnire

2 cucchiai di prezzemolo fresco tritato
qualche rametto d'origano fresco

preparate le cozze e i canestrelli: ricopriteli di acqua fredda e scartate quelli rotti o aperti, e quelli che vengono a galla. Raschiate con cura i gusci per rimuovere le incrostazioni e togliete le barbette alle cozze; lasciateli a bagno in acqua fredda finché non sarà ora di cucinarli. Metteteli in una grande casseruola con un po' d'acqua e olio, mettete il coperchio e cuoceteli finché non si apriranno, agitando la casseruola di tanto in tanto. Scolateli e tenetele da parte, conservando il liquido di cottura.

riscaldate l'olio d'oliva in una padella per friggere abbastanza grande e soffriggete delicatamente la cipolla e l'aglio, mescolando ogni tanto.

versate il riso e lasciate cuocere a fuoco lento per 1-2 minuti, mescolando finché i grani non saranno brillanti e quasi trasparenti. Allungate con una parte del brodo di pesce, il liquido di cottura delle cozze e il vino, e portate ad ebollizione.

nel frattempo, lasciate a bagno lo zafferano in un po' d'acqua bollente, quindi unitelo al risotto assieme ai gamberetti lessati e sgusciati, i calamari anch'essi lessati, i canestrelli e le cozze. Abbassate la fiamma e lasciate cuocere a fuoco lento, aggiungendo ancora brodo, se necessario, finché il riso non sarà tenero e cremoso e tutti i liquidi non saranno stati assorbiti. Guarnite con il prezzemolo tritato e i rametti d'origano.

Ingredienti per 4-6 persone
Tempo di preparazione: *25 minuti*
Tempo di cottura: *45 minuti*

Risotto con pollo

pomodori e vino bianco

1 kg di pollo precotto
2 litri d'acqua
2 gambi di sedano
2 cipolle
2 carote
3-4 cucchiai di olio d'oliva
7 cucchiai di vino bianco
375 g di pomodori pelati e passati
500 g di riso Arborio
75 g di burro lasciato ammorbidire
75 g di parmigiano grattugiato
sale e pepe nero macinato fresco

disossate il pollo e mettete gli ossi in una grande casseruola con l'acqua. Aggiungete 1 gambo di sedano, 1 cipolla e 1 carota, e sale e pepe a piacere.

portate ad ebollizione, abbassate la fiamma, coprite e lasciate cuocere a fuoco lento per 1 ora e mezzo. Filtrate il brodo e tenetelo in caldo.

nel frattempo, tagliate la carne del pollo a cubetti, dopo aver tolto la pelle. Tritate finemente le verdure rimaste e saltatele in olio d'oliva finché non prenderanno colore.

unite il pollo e soffriggete per altri 5 minuti, mescolando continuamente, poi aggiungete il vino e lasciate bollire finché non evapori.

unite i pomodori e sale e pepe a piacere. Coprite con un coperchio e cucinate a fuoco lento per 20 minuti, aggiungendo un po' di brodo se il pollo diventa troppo asciutto.

unite il riso e aggiungete 200 ml di brodo. Cuocete per altri 20-25 minuti, aggiungendo dell'altro brodo se necessario, finché il riso non sarà al dente.

togliete dal fuoco, aggiungete il burro e il parmigiano e mescolate il tutto con cura. Servite immediatamente spolverando la superficie con pepe nero macinato fresco.

Ingredienti per 6 persone
Tempo di preparazione: *35 minuti*
Tempo di cottura: *1-2 ore*

Risotto alla Milanese

Il riso della migliore qualità si coltiva sotto Milano, e in Lombardia sono stati creati superbi risotti. Questo in particolare, cremoso e filante, è a ragione famoso in tutto il mondo.

150 g di burro
mezza cipolla tritata
7 cucchiai di vino bianco secco
1 litro di brodo di manzo caldo
425 g di riso Arborio
la punta di un cucchiaino di polvere di zafferano
125 g di parmigiano grattugiato
4 cucchiai di panna da cucina
sale e pepe nero macinato fresco

sciogliete il burro in una casseruola abbastanza grande con il fondo pesante e soffriggete la cipolla. Unite il vino e 7 cucchiai di brodo. Lasciate bollire fino a che la metà del liquido non sia evaporato.

buttate il riso e lasciate cuocere per 5 minuti, mescolando costantemente, poi aggiungete lo zafferano e sale e pepe a piacere.

lasciate sul fuoco per altri 20 minuti, mescolando e versando il brodo bollente, una tazza alla volta man mano che il liquido viene assorbito; continuate finché il riso non sarà al dente.

togliete dal fuoco, amalgamate il resto del burro, il parmigiano e la panna e lasciate riposare per 1 minuto. Cospargete di pepe nero macinato fresco e servite.

Ingredienti per 4-6 persone
Tempo di preparazione: *10 minuti*
Tempo di cottura: *35 minuti*

Verdura e insalata

Insalata mista di verdure

Una scelta di verdure cotte costituisce un piatto sano e nutriente, e la composizione può variare secondo le verdure che abbiamo a disposizione nelle diverse stagioni dell'anno.

3-4 pomodori ben sodi a fette
375 g di patatine novelle lessate, pelate e affettate
125 g di ceci lessati o in scatola
250 g di fagiolini senza estremità, tagliati a metà e lessati
125 g di fagioli rossi lessati o in scatola
4-5 cipolline fresche a fette
1 cucchiaio di basilico fresco tritato
50-75 ml di olio d'oliva
2 cucchiai di aceto di vino bianco o rosso
sale e pepe nero macinato fresco
basilico fresco per guarnire

sistemate le fettine di pomodoro sul bordo di un'insalatiera poco profonda o di un normale piatto fondo. Ammucchiate le patate da un lato del piatto.

mettete i ceci vicino alle patate, poi i fagiolini e infine i fagioli rossi. Se usate ceci e fagioli rossi in barattolo, lavateli con acqua corrente e scolateli bene prima di metterli sul piatto.

mettete le cipolline fresche affettate sul bordo del piatto e il basilico tritato sopra le verdure e mettete in frigo.

mescolate insieme in una terrina olio e aceto, e insaporite con sale e pepe. Poco prima di servire, rimescolate di nuovo l'olio e l'aceto e versatelo sopra l'insalata.

Ingredienti per 4-6 persone
Tempo di preparazione: *25-30 minuti*

Se volete, potete aggiungere all'olio e aceto uno spicchio d'aglio schiacciato. Quando lessate i fagiolini, lasciateli sempre un po' sodi, così daranno all'insalata un tocco più fragrante. Ricordate che bisogna lasciare i fagioli e i ceci secchi a bagno a lungo prima di lessarli.

Insalata di pomodori
con acciughe e cumino

Pomodori, mostarda, acciughe e cumino si combinano in una insalata appetitosa e piccante. Aggiungendo qualche fetta di uovo sodo, diventerà una pietanza completa.

1 cucchiaio pieno di mostarda francese
2 cucchiai di aceto di vino bianco o rosso
75 ml di olio d'oliva
4-5 pomodori ben sodi a fette
1 gambo di sedano tagliato a striscioline corte
1 cipolla rossa a cubetti
1 cucchiaino di semi di cumino
2 filetti d'acciuga sminuzzati
sale e pepe
2 uova sode per guarnire (facoltativo)

mettete la mostarda in un recipiente e mescolatela con l'aceto. Insaporite leggermente con sale e molto pepe.

aggiungete l'olio d'oliva e sbattete il composto con una forchetta finché non sarà tutto ben amalgamato.

mettete i pomodori in un'insalatiera con il sedano, la cipolla, i semi di cumino e i filetti d'acciuga.

versateci sopra la salsa, mescolate bene e servite. Guarnite, se volete, con le uova sode.

Ingredienti per 4 persone
Tempo di preparazione: *20 minuti*

Le cipolle ideali per quest'insalata sono quelle rosse, che sono belle da vedere e hanno un buon sapore dolciastro. Se non le trovate, potete usare in alternativa le cipolline fresche a pezzettini.

Zucchine brasate
con mozzarella e pomodori

2 cucchiai d'olio
25 g di burro
1 scalogno tritato
6 zucchine tagliate in bastoncini lunghi 5 cm
375 g di pomodori pelati
2 cucchiai di brodo di pollo
20 olive nere snocciolate tagliate a metà
mezzo cucchiaino di origano tritato
1 cucchiaio di prezzemolo tritato
1 mozzarella a dadini
sale e pepe

riscaldate l'olio e il burro in una padella abbastanza grande, e soffriggete lo scalogno a fuoco lento finché non sarà tenero.

aggiungete le zucchine e lasciatele cuocere per alcuni minuti a fuoco vivace, poi abbassate la fiamma e proseguite a fuoco moderato.

uniteci i pomodori, schiacciati con una forchetta, insaporite con sale e pepe e lasciate sul fuoco, aggiungendo un po' di brodo se necessario, finché le zucchine non saranno tenere.

unite le olive snocciolate, l'origano e il prezzemolo. Tagliate la mozzarella a dadini e distribuitela sopra le zucchine. Coprite la padella, spegnete la fiamma e lasciate riposare per alcuni minuti prima di servire.

Ingredienti per 4 persone
Tempo di preparazione: *20 minuti*
Tempo di cottura: *20 minuti*

Formaggi

Gorgonzola
Il gorgonzola è un formaggio color paglierino, cremoso e molle con caratteristiche striature verde-blu; il sapore è forte e intenso. Venne prodotto per la prima volta più di mille anni fa a Gorgonzola, un paesino della Lombardia, ed è quindi uno dei formaggi più antichi del mondo. Può essere usato per cucinare, ma per lo più viene mangiato da solo come pietanza; si serve anche con frutta fresca, come mele e pere.

Emmental
L'Emmental è un formaggio a pasta soda giallo avorio, famoso in tutto il mondo, che si prepara con latte di mucca. Ha un delicato sapore di noce. Nato in Svizzera, è inconfondibile per i grandi buchi distribuiti in tutta la forma. Viene utilizzato anche in molte ricette di cucina.

Parmigiano
Il Parmigiano è il famosissimo formaggio di latte di mucca nato a Parma, di pasta friabile e di consistenza granulosa. È color paglierino, ha un sapore intenso e un forte profumo. La stagionatura può protrarsi fino a 3 anni. Si vende a pezzi e viene usato anche, grattugiato, per arricchire il sapore di certi piatti. È possibile anche trovarlo grattugiato in pacchi sottovuoto, ma è sempre meglio comprarlo in pezzi da grattugiare al momento: il gusto sarà migliore.

Dolcelatte
Il Dolcelatte è un formaggio prodotto in fabbrica, una versione industriale del gorgonzola. Ha le stesse striature caratteristiche e, anche se non vanta la stessa nobiltà del gorgonzola, è comunque molto gradevole. Ha una consistenza cremosa e vellutata e un sapore dolce e delicato.

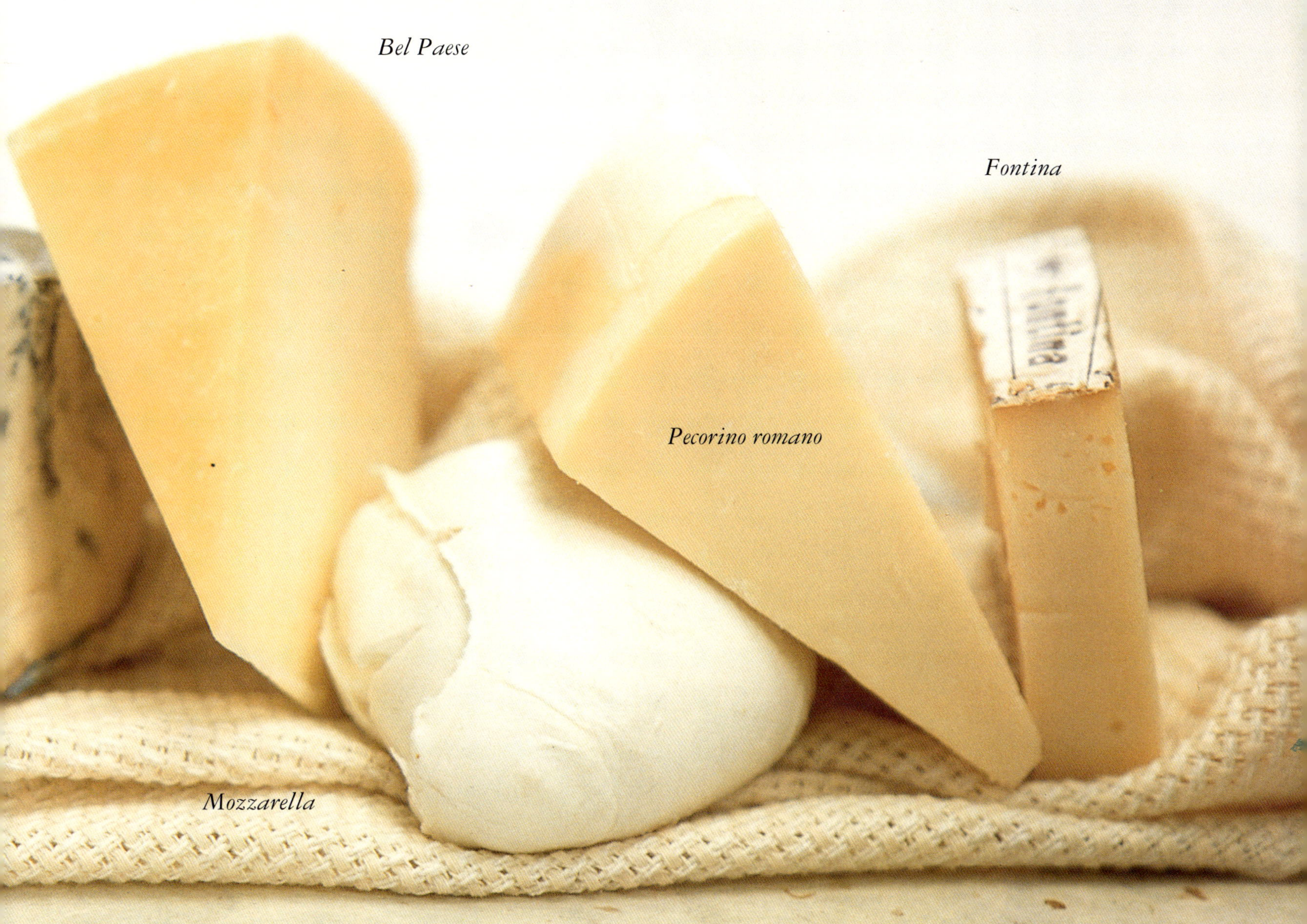

Bel Paese
Il Bel Paese ha una storia relativamente recente, ma è uno dei formaggi da tavola più famosi al mondo. È un formaggio cremoso con un sapore delicato e una crosta gialla lucida. Si fa con il latte di mucca. È nato in Lombardia nel 1920, ma ormai si produce in tutta Europa.

Mozzarella
La Mozzarella è un formaggio candido con una consistenza morbida e un sapore delicato di latte. Viene venduta in sacchetti contenenti siero di latte per mantenerla fresca. In origine veniva preparata solo con latte di bufala (la qualità ancora oggi più pregiata), ma è più comune trovarla di latte di mucca, o di latte di mucca mescolato a quello di bufala. Si mangia fresca, da sola o nelle insalate, e si può usare per preparare pizze o arricchire salse.

Pecorino romano
Il Pecorino romano è una varietà molto pregiata di questo formaggio a pasta friabile, prodotto da duemila anni nel Sud Italia. L'ingrediente principale è il latte intero di pecora, e questo gli dà il suo caratteristico sapore salato.
Ci sono molti tipi di pecorino, piccanti e delicati, e anche altre regioni ne producono di caratteristici, come la Sardegna. C'è chi ama grattugiarlo sulla pasta, come il parmigiano.

Fontina
La Fontina è prodotta esclusivamente in Val d'Aosta. Ricorda un po' il gruviera ma è più morbida e dolce, e ha buchi molto più piccoli. È un formaggio da tavola davvero eccellente – delicato, e facilmente affettabile. Viene prodotto con latte di mucca, è color paglierino ed è ottimo anche per cucinare.

Asparagi freschi
con salsa di dragoncello

1,5 kg di asparagi
40 g di tonno sott'olio
2 filetti d'acciuga
200 ml di olio d'oliva
2 cucchiai di vino bianco
2 cucchiai di dragoncello
1 tuorlo d'uovo
il succo di mezzo limone
sale e pepe bianco
qualche rametto di dragoncello fresco per guarnire

tagliate le punte degli asparagi e raschiateli all'altra estremità più dura. Lavateli sotto acqua corrente fredda e divideteli in mazzetti legati con dello spago. Metteteli in piedi in una pentola alta con acqua bollente salata, immergendoli per due terzi e coprendo le punte con fogli d'alluminio. Lasciate cuocere a fuoco lento per 8-18 minuti, secondo lo spessore degli asparagi.

nel frattempo, preparate la salsa: scolate e sminuzzate il tonno e le acciughe. Mettetele in un tritatutto o in un frullatore con 2-3 cucchiai di olio, il vino e il dragoncello.

fate una maionese: mettete il tuorlo d' uovo in un recipiente e mescolate vigorosamente con un cucchiaio di legno. Unite un pizzico di sale, poi aggiungete lentamente qualche goccia d'olio. Girate sempre nello stesso senso e aggiungete l'olio man mano che il precedente viene amalgamato. Continuate così finché non avrete usato tutto l'olio. Quando la salsa sarà uniforme e densa, aggiungete il succo di mezzo limone.

versate la maionese nel frullatore, insaporendola se necessario con un po' di pepe. Frullate brevemente per mescolare tutti gli ingredienti.

scolate gli asparagi e tagliate i gambi (vi saranno utili per una minestra o per il brodo). Sistematele su un piatto da portata e versateci sopra la salsa. Guarnite con qualche rametto di dragoncello fresco e magari l'albume di un uovo sodo sminuzzato.

Ingredienti per 4 persone
Tempo di preparazione: *15 minuti*
Tempo di cottura: *8-18 minuti*

Piselli e cipolle *con prosciutto*

Questa è una variante dei classici 'piselli alla Romana'.

8-12 cipolle sott'olio
50 g di burro
500 g di piselli senza baccello o surgelati
300 ml di brodo di pollo
50 g di prosciutto tagliato a striscioline
sale e pepe

lessate le cipolle in acqua bollente salata per 4-5 minuti, quindi scolatele bene. Fate sciogliere il burro in una casseruola e soffriggeteci le cipolle a fuoco lento finché non saranno dorate.

aggiungete i pisellini freschi (se non userete quelli surgelati) e 150 ml di brodo. Insaporite con sale e pepe. Continuate a cuocere a fuoco basso per 15-20 minuti finché i piselli e le cipolle non saranno teneri.

versate ancora brodo, se necessario (ricordate però che non dovreste farlo evaporare tutto prima che i piselli siano cotti).

se userete piselli surgelati, aggiungete il brodo alle cipolle e cuocetele finché non saranno tenere, unite poi i piselli e lasciate sul fuoco per altri 4-5 minuti.

aggiungete il prosciutto poco prima che i piselli siano cotti. Regolate sale e pepe e servite su un piatto da portata.

Ingredienti per 4-6 persone
Tempo di preparazione: *10-20 minuti*
Tempo di cottura: *30-35 minuti*

Peperonata

I peperoni, i pomodori, le cipolle e l'aglio brasati nell'olio d'oliva sono i semplici ingredienti di questo classico piatto.

100 ml di olio d'oliva
375 g di cipolle affettate a velo
2 spicchi d'aglio schiacciati
500 g di peperoni gialli e verdi, senza semi e senza la parte bianca centrale, tagliati in 4 parti
500 g di pomodori maturi, pelati e tagliati a pezzetti oppure 425 g di polpa di pomodoro in scatola
sale e pepe nero macinato fresco

riscaldate l'olio in una casseruola col fondo pesante e soffriggeteci piano le cipolle finché non prendano colore.

unite i peperoni, coprite e cuocete a fuoco lento per 10-12 minuti.

aggiungete i pomodori e regolate sale e pepe.

lasciate cuocere senza coperchio finché i peperoni non saranno teneri e la salsa non sarà densa. Controllate il condimento e mettete su un piatto da portata. La peperonata può essere servita calda o fredda.

Ingredienti per 4 persone
Tempo di preparazione: *20 minuti*
Tempo di cottura: *40-45 minuti*

Se usate pomodori in scatola, alzate la fiamma verso la fine della cottura per far evaporare il liquido di troppo. Se preferite, potete togliere la pelle ai peperoni prima di cuocerli.

Zucchine ripiene
di ricotta e parmigiano

Le zucchine sono squisite cotte al forno con un ripieno appetitoso, come quello che suggerisce questa ricetta.

6 zucchine
25 g di pane bianco senza crosta
latte
125 g di ricotta
la punta di un cucchiaino di origano
1 spicchio d'aglio schiacciato
40 g di parmigiano grattugiato
1 tuorlo d'uovo
sale e pepe nero macinato fresco

cuocete le zucchine per 5 minuti, dopo averne tagliato le estremità, in una pentola abbastanza grande d'acqua bollente salata. Quando saranno cotte, scolatele bene. Tenete a bagno il pane in un po' di latte finché non sarà tenero, quindi strizzatelo.

tagliate le zucchine nel senso della lunghezza e scavate un po' la polpa centrale con un cucchiaino. Dovreste ottenere dei lunghi 'contenitori' a forma di barchetta pronti da riempire.

sminuzzate la polpa centrale delle zucchine e mettetela in una ciotola. Lavoratele con il pane, la ricotta, l'origano, l'aglio, il parmigiano, il tuorlo d'uovo, sale e pepe nero macinato fresco. Amalgamate il tutto con cura: il ripieno dovrebbe risultare soffice. Se è troppo sodo, aggiungete un po' di latte.

sistemate le zucchine una accanto all'altra su una teglia o una fiamminga oleate. Riempite le cavità con il composto di formaggio e passate in forno già caldo a 190° per 35-40 minuti finché le zucchine non saranno tenere e il ripieno non sarà gratinato. Servite immediatamente.

Ingredienti per 4 persone
Tempo di preparazione: *20 minuti*
Tempo di cottura: *40-45 minuti*
Temperatura del forno: *190°*

Fagioli cannellini
con salvia e pancetta

Questa è una ricetta di origine contadina. I fagioli cannellini non solo hanno un delizioso sapore, ma esaltano anche quello degli altri ingredienti, e sono quindi un ottimo contorno.

500 g di fagioli cannellini secchi lasciati a bagno una notte
1 gambo di sedano tritato
2 foglie di salvia
125 g di pancetta affumicata senza cotenna
50 g di grasso di pancetta
3 cucchiai di olio d'oliva
mezza cipolla tritata
1 cucchiaio di foglie di salvia tritate
un rametto di rosmarino
1 spicchio d'aglio
3 pomodori maturi pelati tagliati a pezzetti e senza semi oppure 200 g di pomodori in barattolo senza semi, scolati e sminuzzati
2 cucchiai di vino rosso
sale e pepe nero macinato fresco

mettete i fagioli in una pentola con 2 litri d'acqua, il sedano e le foglie di salvia tritati. Portate ad ebollizione e cuocete a fuoco basso per almeno 2 ore, finché i fagioli non saranno teneri.

mettete la pancetta in un pentolino con acqua a sufficienza per coprirla e lasciatela bollire per 10 minuti. Una volta cotta, toglietela dall'acqua e tagliatela a pezzetti.

sminuzzate il grasso della pancetta e mettetelo in una padella con l'olio. Aggiungete le cipolle tritate, le erbe e l'aglio schiacciato e fate cuocere a fuoco moderato finché le cipolle non saranno dorate.

unite i fagioli lessati e scolati, mescolate bene, insaporite con un po' di sale e molto pepe e lasciate riposare per qualche minuto per permettere ai sapori di mescolarsi.

aggiungete i pomodori freschi (o in scatola), la pancetta bollita, e allungate con il vino. Mescolando con cura, lasciate che la salsa si addensi un po', poi regolate il condimento e servite ben caldo.

Ingredienti per 4 persone
Tempo di preparazione: *30 minuti, più 8 ore per lasciare a bagno i fagioli*
Tempo di cottura: *3 ore*

Melanzane al forno
ripiene di acciughe e pecorino

625 g di melanzane rotonde piccole
125 ml di olio d'oliva
1 cipolla finemente tritata
4 filetti d'acciuga finemente tritati
600 g di pomodori pelati senza semi, tagliati a pezzetti
1 cucchiaio pieno di capperi finemente tritati
6 foglie di basilico sminuzzate
50 g di pecorino grattugiato
sale e pepe
basilico per guarnire

lavate e asciugate le melanzane, quindi tagliate la polpa e scavatela a spicchi longitudinali - per tre quarti della loro lunghezza - con un coltello affilato.

cospargete gli spicchi di sale e lasciateli su un tagliere - leggermente inclinato sul lavabo - finché non avranno spremuto i caratteristici succhi amari. Sciacquate i pezzetti di melanzana per togliere il sale.

riscaldate un terzo dell'olio in una padella, unite la cipolla e soffriggete a fuoco basso finché non sarà dorata. Aggiungete le acciughe scolate e lasciatele sul fuoco finché non saranno cotte.

asciugate le melanzane con carta da cucina assorbente e mettetele in una pirofila. Apritele un po', riempitele con la salsa già pronta e cospargete col restante olio d'oliva. Passate in forno già caldo a 180° per 30 minuti. Servite immediatamente.

Ingredienti per 4 persone
Tempo di preparazione: *15 minuti, più il tempo per lasciare sotto sale le melanzane*
Tempo di cottura: *45 minuti*
Temperatura del forno: *180°*

Erbe aromatiche

Rosmarino
Il rosmarino è un'erba molto apprezzata in cucina. È un sempreverde con aghi lunghi e appuntiti e fiori azzurri. Quando è fresco, ha un aroma e un sapore molto acuti. Talvolta si usa per profumare l'aceto e le insalate, ma soprattutto per insaporire le carni arrosto o in umido. Si può comprare fresco o secco, però è molto facile anche coltivarlo in casa o in giardino.

Basilico
Il basilico è probabilmente una delle erbe più usate nella cucina italiana. Le sue foglie verde brillante hanno un profumo unico e un aroma assolutamente particolare. Il basilico si sposa alla perfezione col pomodoro, altro ingrediente essenziale della nostra cucina. È il componente principale del pesto, e si usa spesso anche nelle insalate. La qualità migliore è sicuramente quella cosiddetta "genovese".

Finocchio
Ve ne sono di diversi tipi. Quello fiorentino si usa nella cucina di tutt'Italia. Il bulbo e i gambi possono essere mangiati sia crudi che lessi. Il colore verde brillante e le foglie piumate del finocchio selvatico assomigliano all'aneto e si aggiungono tritate alle salse per insaporirle. Anche i semi si usano per aromatizzare le carni piccanti e gli insaccati.

Origano
L'origano appartiene alla stessa famiglia della maggiorana.
È un'erba con foglioline grigio-verdi e lilla e fiori bianchi.
È molto profumato e per il suo sapore dolce e intenso viene spesso utilizzato per aromatizzare carni bianche, pasta, pomodori, pizze e insalate (in genere si usa secco, ma nelle insalate si può anche mettere qualche foglia di origano fresco, come quello della foto). Conviene aggiungerlo a fine cottura per conservarne l'aroma.

Salvia
La salvia è un'erba grigio verde con fiori rosa e lilla e foglie carnose e vellutate. È molto profumata e ha un sapore leggermente amarognolo. Si adopera molto nei piatti di carne di vitello e vitellino, e talvolta nei piatti di pasta. Si trova sia fresca che secca, ma quella secca perde molto del suo profumo.

Ginepro
Le bacche di ginepro sono scure e simili ai grani di pepe. Sono molto profumate, e hanno un aroma speziato. Il ginepro è particolarmente adatto per le carni, ma non si deve esagerare nelle dosi, dato che potrebbe dare anche un gusto amaro. Si usa per insaporire le carni di maiale, la cacciagione, e nelle marinate.

Timo
Il timo è un cespuglio piccolo con foglioline grigio-verdi e piccoli fiori rosa, lilla o bianchi. Il timo ha un profumo forte e un sapore simile a quello dei chiodi di garofano. Anche se non si usa molto nella nostra cucina, può essere adatto ad arricchire le marinate o le salse di pomodoro, e nelle composizioni di odori misti. Si può trovare fresco o secco.

Foglie di alloro
Le foglie dell'albero dell'alloro sono verde scuro, appuntite e pungenti. Si usa come un'erba aromatica, dato il suo forte profumo. Alberi d'alloro completamente sviluppati sono rari ed è più facile vederlo coltivato sotto forma di cespugli o alberelli in vaso. Le foglie si usano per insaporire minestre, piatti in casseruola e arrosti, e sono anche una componente fondamentale dei mazzetti di odori.

Frittata di verdure

Le frittate in Italia (come in Spagna) sono occasioni per utilizzare una grande varietà di ingredienti. Qui ne suggeriamo una che potrete fare con le verdure trovate in casa.

3 cucchiai di olio d'oliva
2 cipolle
3 zucchine affettate finemente
3 pomodori pelati tagliati a pezzetti
6 uova grandi
50 g di parmigiano grattugiato
qualche foglia di basilico fresco sminuzzata
1 cucchiaio di prezzemolo fresco tritato
25 g di burro
sale e pepe nero macinato fresco

riscaldate l'olio d'oliva in una padella per friggere abbastanza grande. Unite le cipolle affettate e saltatele delicatamente per 8-10 minuti finché non saranno molto tenere, dorate, quasi color caramello. Unite le zucchine e lasciatele sul fuoco, mescolando di tanto in tanto, finché non diventeranno dorate su entrambi i lati. Aggiungete i pomodori e cuocete a fuoco moderato finché il composto non sarà denso.

rompete le uova in una ciotola, salate, pepate, aggiungete il parmigiano grattugiato, il basilico a pezzetti e il prezzemolo. Miscelate con cura, magari con un frullino elettrico, finché non sarà tutto perfettamente amalgamato.

togliete l'olio in eccesso dagli ingredienti nella padella e unitevi le uova sbattute. Mescolate con cura.

riscaldate il burro in un'altra padella finché non sarà caldo e schiumoso. Versateci il composto con le uova, abbassate il fuoco il più possibile e lasciate cuocere in questo modo finché la frittata non sarà cotta nella parte inferiore. Passatela sotto il grill già caldo per qualche secondo per gratinare la superficie. Fatela scivolare su un piatto e servitela a temperatura ambiente tagliata a spicchi.

Ingredienti per 4 persone
Tempo di preparazione: *25 minuti*
Tempo di cottura: *10-15 minuti*

Melanzane alla parmigiana
con formaggio e basilico

1,5 kg di melanzane
125 ml di olio d'oliva
1 cipolla finemente tritata
2 kg di pomodori pelati tagliati a pezzetti
3 foglie di basilico fresco o 2 cucchiai di basilico essiccato
un po' di farina
150 g di parmigiano grattugiato
250 g di mozzarella affettata finemente
sale e pepe nero macinato fresco

tagliate le punte delle melanzane e affettatele a rondelle. Cospargete le melanzane con un po' di sale e mettete i pezzetti salati in uno scolapasta. Copriteli con un piatto e aggiungete peso per strizzarle un po', in modo da spremerne fuori l'amaro. Lasciate le melanzane sotto sale per circa 30 minuti.

nel frattempo, preparate la salsa di pomodoro. Riscaldate 4 cucchiai di olio d'oliva in una padella per friggere e fateci dorare le cipolle. Unite i pomodori a pezzetti e il basilico, mescolate con cura e cuocete a fuoco lento, senza coperchio, finché la salsa non sia ritirata. Regolate sale e pepe.

sciacquate accuratamente le melanzane con acqua fredda per togliere il sale, quindi asciugatele con carta da cucina assorbente e infarinatele. Riscaldate un po' di olio d'oliva in una padella abbastanza grande e friggete le melanzane un po' alla volta, aggiungendo olio se necessario, finché non saranno cotte e ben dorate su entrambi i lati. Scolatele e asciugatele con carta da cucina.

ungete una pirofila e sistemate uno strato di melanzane sul fondo. Cospargetelo di parmigiano grattugiato e ricoprite con fette di mozzarella. Con un cucchiaio, versate sopra un po' di salsa di pomodoro e continuate a fare strati in questo modo, finché non avrete terminato gli ingredienti. Concludete con uno strato di salsa di pomodoro e parmigiano. Passate in forno già caldo a 200° per 30 minuti. Servite caldo o freddo, come preferite.

Ingredienti per 4 persone
Tempo di preparazione: *40 minuti, più il tempo necessario per lasciare le melanzane sotto sale*
Tempo di cottura: *1 ora*
Temperatura del forno: *200°*

Torta di spinaci
con ricotta e noce moscata

250 g di farina tipo 0
un pizzico di sale
125 g di burro
1 tuorlo d'uovo
2-3 cucchiai di acqua fredda

Ripieno

250 g di foglioline di spinaci tenere
375 g di ricotta
4 uova sbattute
un po' di noce moscata grattugiata
75 ml di panna da cucina
25 g di parmigiano grattugiato
sale e pepe nero macinato fresco

setacciate farina in una ciotola e aggiungeteci un po' di sale; unite quindi il burro, il tuorlo d'uovo e un po' d'acqua fredda, e lavorate il composto fino ad ottenere una pasta soffice. Lasciate riposare in frigo per almeno 30 minuti. Stendete la pasta e foderateci una teglia rotonda di 25 cm.

punzecchiate la base della torta con una forchetta, mettete uno strato di carta oleata da forno nello stampo e riempite la teglia per metà di fagioli secchi, per evitare che l'impasto gonfi. Passate in forno già caldo a 200° per 15 minuti.

togliete i fagioli e la carta e rimettete la teglia in forno per altri 5 minuti per finire di cuocere la pasta.

preparate il ripieno: lessate gli spinaci in un po' d'acqua salata per 3 minuti fino a quando saranno più teneri, pur conservando il loro bel colore verde brillante. Scolateli in uno scolapasta o in un colino; per togliere completamente l'acqua in eccesso, strizzateli schiacciandoli con un piatto. Sminuzzateli dopo averli scolati.

mettete la ricotta in un recipiente con gli spinaci, le uova, la noce moscata, sale e pepe. Aggiungete la panna, continuando a mescolare e amalgamate con cura tutti gli ingredienti. Con un cucchiaio, mettete il ripieno nella teglia sopra la pasta già cotta e livellate la superficie.

cospargete con parmigiano e passate in forno a 180° per 30 minuti finché la torta non gonfierà e non sarà dorata.

Ingredienti per 8 persone
Tempo di preparazione: *30 minuti,*
più 30 minuti per lasciar riposare la pasta in frigorifero
Tempo di cottura: *30 minuti*
Temperatura del forno: *180°*

Dolci al forno e al cucchiaio

Cassata siciliana

3 uova (tuorli e albumi separati)
125 g di zucchero raffinato
una scorza di limone grattugiata
125 g di farina tipo 0
1 cucchiaino di lievito per dolci

Farcitura

175 g di zucchero raffinato
750 g di ricotta fresca
mezzo cucchiaino di cannella in polvere
425 g di frutta candita mista, grossolanamente tritata
75 g di cioccolato fondente a pezzetti
8 cucchiai di maraschino
un altro po' di cannella per decorare

preparate il pan di Spagna: lavorate i tuorli d'uovo con lo zucchero raffinato, la scorza di limone e 3 cucchiai di acqua calda finché non otterrete una crema leggera e spugnosa. Mescolate la farina con il lievito e incorporatela lentamente.

montate gli albumi a neve e amalgamateli alla crema. Versate poi il tutto in una teglia imburrata larga 25 cm e passate in forno già caldo a 190° per 15-20 minuti finché il pan di Spagna non sarà dorato, soffice ed elastico (premete con un dito la superficie, poi togliete il dito: se la pasta riprenderà subito la sua forma originale, sarà cotta). Toglietelo dallo stampo e lasciatelo raffreddare.

preparate la farcitura: sciogliete lo zucchero in 3 cucchiai d'acqua a fuoco lento. Incorporate lo sciroppo e la ricotta. Quindi aggiungeteci la cannella, lasciandone da parte qualche cucchiaiata per decorare il dolce. Unite 250 g di pezzetti di frutta candita e il cioccolato a pezzetti.

foderate la tortiera con carta oleata da forno o con carta-forno. Tagliate il pan di Spagna in senso orizzontale e mettetene uno strato nella teglia. Cospargetelo con metà del maraschino e spalmateci la farcitura di ricotta. Coprite con un altro disco di pan di Spagna e irroratelo con il maraschino restante. Lasciate raffreddare in frigo per diverse ore. Per servire, togliete dalla teglia, ricoprite la superficie e i lati con la restante crema di ricotta e decorate con la frutta candita e una spolverata di cannella.

Ingredienti per 6-8 persone
Tempo di preparazione: *40 minuti, più 2-3 ore di tempo per lasciare riposare in frigo*
Tempo di cottura: *20-25 minuti*
Temperatura del forno: *190°*

Zabaione

Preparatelo poco prima di servirlo, poiché è probabile che gli ingredienti si separino di nuovo se si lascia riposare per più di qualche minuto.

4 uova (tuorli e albumi separati)
5 cucchiai di zucchero raffinato
8 cucchiai di marsala o vino bianco dolce

Per servire

amaretti

separate gli albumi dai tuorli e mettete questi ultimi in una ciotola che avrete messo sopra un pentolino d'acqua a fuoco lento. Assicuratevi che la ciotola non tocchi l'acqua sottostante.

unite lo zucchero e il marsala (o il vino bianco secco) ai tuorli e amalgamateli con cura.

frullate il composto a mano con una frusta o con un frullino elettrico, finché lo zabaione non sarà denso, spumoso e caldo. Anche con un frullino elettrico, ci vorranno almeno 10-15 minuti, perciò abbiate pazienza. Controllate che l'acqua si riscaldi a fuoco lento e non raggiunga un bollore troppo forte.

quando lo zabaione è cotto, versatelo delicatamente in 4 coppe e servitelo immediatamente, accompagnandolo con savoiardi o amaretti. Se lo servirete freddo, continuate a mescolare il composto anche dopo che lo avrete tolto dal fuoco, finché non si sarà completamente raffreddato. Se volete, potete mescolate allo zabaione freddo lamponi, fettine di fragola o pesche.

Ingredienti per 4 persone
Tempo di preparazione: *2-3 minuti*
Tempo di cottura: *10-15 minuti*

Il panettone

È il tipico dolce natalizio milanese. Con questa ricetta potrete provare a prepararlo in casa.

50 g di zucchero raffinato
25 g di lievito di birra
150 ml di acqua tiepida
3 tuorli d'uovo
un pizzico di sale
475 g di farina tipo 00
125 g di burro a temperatura ambiente
50 g di uva sultanina
50 g di uva passa
50 g di canditi misti
25 g di burro fuso

mescolate 1 cucchiaino di zucchero raffinato e tutto il lievito nell'acqua tiepida. Lasciate riposare per almeno10 minuti finché non diventerà schiumoso. Sbattete i tuorli d'uovo in un recipiente grande e incorporateci l'acqua con zucchero e lievito, un po' di sale e il restante zucchero. Unite 250 g di farina, poi amalgamate il burro ammorbidito, un po' alla volta. Lavorate bene la farina restante fino ad ottenere una pasta morbida.

ribaltate l'impasto su una spianatoia leggermente infarinata e lavoratelo bene finché non sarà sodo ed elastico. Mettetelo quindi in un sacchetto di polietilene oleato e lasciatelo a riposare in un posto caldo finché non sarà lievitato, raddoppiando il suo volume.

rimettete l'impasto sulla spianatoia infarinata e incorporateci l'uva sultanina, l'uva passa e i canditi. Continuate a lavorarlo finché tutti i pezzetti di farcitura non saranno distribuiti per tutto l'impasto. Mettetelo quindi in una tortiera imburrata di 18 cm e copritelo con una pellicola trasparente imburrata. Lasciate riposare in un posto caldo finché l'impasto non sarà cresciuto fino ad arrivare in cima alla tortiera.

togliete la pellicola e pennellate la superficie della pasta con un po' del burro fuso. Passate in forno già caldo a 200° per 20 minuti. Successivamente, abbassate la temperatura a 180° e cuocete per altri 20-30 minuti. Sfornate e pennellate la superficie e i lati con il restante burro fuso. Servite caldo o freddo, tagliato a fettine.

Ingredienti per 10 persone
Tempo di preparazione: *1 ora-1 ora e mezzo*
Tempo di cottura: *40-50 minuti*
Temperatura del forno: *200°, poi 180°*

Pastiera napoletana
con mandorle e ricotta

La farcitura di questa crostata tradizionale è sostanziosa e gustosa, con un caratteristico sapore di mandorla.

250 g di farina tipo 0
un pizzico di sale
125 g di burro
1 tuorlo d'uovo
2-3 cucchiai di acqua fredda
un po' di zucchero a velo per spolverare la superficie

Farcitura

375 g di ricotta
75 g di zucchero raffinato
3 tuorli d'uovo ben sbattuti
50 g di mandorle pelate finemente tritate
50 g di pezzetti di frutta candita mista
la scorza di mezzo limone grattugiata
il succo e la scorza grattugiata di mezza arancia
mezzo cucchiaino di vanillina

mescolate la farina opportunamente setacciata e il sale in un ciotola e amalgamateci il burro con le dita, finché il composto non assomiglierà a pangrattato fine. Unite i tuorli e un po' d'acqua fredda e formate un impasto soffice. Lavoratelo ancora un po', quindi lasciatelo raffreddare in frigorifero per 30 minuti. Stendete quindi la pasta e foderateci una teglia per crostate di 20 cm. Tenete da parte i ritagli di pasta.

preparate la farcitura: mettete la ricotta in una ciotola, schiacciatela bene con una forchetta e incorporate lo zucchero. Amalgamate gradualmente le uova e aggiungete le mandorle, i canditi, la scorza di limone, la scorza e il succo d'arancia e la vanillina, mescolando con cura tra un'aggiunta e l'altra.

versate la farcitura di ricotta nella teglia già rivestita di pasta, quindi livellate perfettamente la superficie.

impastate di nuovo i ritagli di pasta avanzati e stendeteli con un matterellino; quindi, usando una rotellina, tagliate delle striscioline di 1 cm. Sistematele a forma di grata sopra la crostata. Successivamente, mettetela al centro del forno, che avrete già riscaldato, e lasciate cuocere a 180° per 45-50 minuti, finché non sarà cotta e dorata in superficie. Lasciate raffreddare e servite a temperatura ambiente, ricoperta di zucchero a velo.

Ingredienti per 6-8 persone
Tempo di preparazione: *20 minuti, più 30 minuti per lasciare riposare la pasta in frigo*
Tempo di cottura: *45-50 minuti*
Temperatura del forno: *180°*

Arance caramellate

Se avete molte arance e volete preparare un dessert dall'aspetto gradevole e dal sapore fresco, questa è una ricetta semplice e veloce.

12 arance
175 g di zucchero
125 ml di acqua

togliete la buccia a un'arancia e raschiatela fino a ottenere uno spessore sottile. Quindi tagliatela in strisciolìne molto fini e cuocetele in una pentolino d'acqua bollente per 2-3 minuti finché non si saranno ammorbidite. Scolatele bene e mettetele da parte.

sbucciate le altre arance e togliete l'albedine con un coltello affilato. Successivamente, mettete le arance in una ciotola resistente al calore e cospargetele con le striscioline già pronte.

mettete lo zucchero e l'acqua in una casseruola e riscaldateli a fuoco basso, mescolando continuamente, finché lo zucchero non si sarà sciolto completamente. Portate ad ebollizione e lasciate bollire vivacemente finché lo sciroppo non cambierà colore diventando caramellato (attenzione a non fare diventare il caramello troppo scuro, dato che il calore lo farà cuocere per un po' anche dopo che avrete tolto la casseruola dal fuoco). Se il caramello è troppo denso - rimanendo a distanza di sicurezza per non essere schizzati - aggiungete altri 2 cucchiai d'acqua e continuate a mescolare con cura.

versate il caramello sulle arance e lasciatele raffreddare, quindi conservatele in frigorifero per tutta la notte. Per servire, trasferite le arance e il caramello in un bel piatto da portata e accompagnate con panna montata. In alternativa, potete tagliare le arance a fettine sottili e fissarle con uno stuzzicadenti prima di ricoprirle di caramello.

Ingredienti per 6 persone
Tempo di preparazione: *15 minuti*
Tempo di cottura: *8-10 minuti*

Soufflé agli amaretti
con mandorle e vaniglia

4 amaretti
75 ml di Amaretto di Saronno
150 ml di latte
1 goccia di estratto di vaniglia
15 g di burro
25 g di farina tipo 00
4 tuorli d'uovo (1 da tenere separato)
4 albumi d'uovo
25 g di zucchero a velo
zucchero a velo da spolverizzare sulla superficie

Pasta di mandorle
75 g di mandorle a scaglie
150 ml di latte
2 cucchiaini di zucchero

preparate la pasta di mandorle: mettete le mandorle, il latte e lo zucchero a bollire in una casseruola.

abbassate la fiamma e lasciate cuocere a fuoco lento per qualche minuto. Fate raffreddare un po' e amalgamate il tutto in un frullatore.

imburrate e infarinate 4 pirofile da soufflé di 7,5 cm di diametro. Lasciate a bagno gli amaretti nel liquore e mettetene 1, tagliato in quattro parti, in ciascuna pirofila.

preparate la pasta per il soufflé: mettete due terzi del latte in una casseruola col fondo pesante con la vaniglia e il burro e portate ad ebollizione. Togliete dal fuoco e incorporate il latte restante, la farina e 1 tuorlo d'uovo.

riscaldate di nuovo il composto finché non sarà denso e lavoratelo un po' col frullino. Amalgamate il composto alla pasta di mandorle e al restante Amaretto.

unite lentamente gli albumi montati a neve e versate il composto nelle pirofile da soufflé. Passate quindi in forno già caldo a 220° per 10-12 minuti. Una volta pronti, spolverate i soufflé con lo zucchero a velo.

Ingredienti per 4 persone
Tempo di preparazione: *25 minuti*
Tempo di cottura: *15-20 minuti*
Temperatura del forno: *220°*

Granita di pesca siciliana

La granita siciliana a base di frutta è molto gustosa. Qui ne suggeriamo varianti con le pesche e col melone, ma sarà ottima con ogni tipo di frutta.

125 g di zucchero
150 ml d'acqua
4 pesche grandi o meloni (si veda sotto)
succo di 1 limone

mettete lo zucchero e l'acqua in un pentolino e riscaldate a fuoco lento finché lo zucchero non si sarà sciolto. Lasciate bollire per 3-4 minuti, poi lasciate raffreddare.

immergete le pesche in un po' d'acqua bollente per 1 minuto, quindi scolatele e togliete la buccia e il nocciolo. Frullate subito la polpa con un frullatore elettrico e filtratela con un setaccio di nylon.

unite il succo di limone per evitare chc il composto si sbiadisca. Successivamente, amalgamateci lo sciroppo freddo e mettete il composto in un vassoio da freezer a congelare.

ribaltatelo in una ciotola e mescolatelo con forza per qualche minuto, poi rimettelo nel vassoio e congelate di nuovo.

trasferite in frigo per 30-40 minuti affinché si ammorbisisca un po'. Per servire, mettete la granita in bicchieri o calici individuali.

Ingredienti per 4 persone
Tempo di preparazione: *15 minuti,*
più il tempo per congelare la granita e per lasciarla in frigorifero

La granita di melone può essere preparata allo stesso modo sostituendo le pesche con 70 grammi di melone (Charentais o Ogen) maturo, sbucciato e senza semi.

Pesche alle mandorle
ripiene di amaretti

Le pesche al forno aromatizzate alle mandorle sono una specialità piemontese.

4 pesche grandi non troppo mature, tagliate a metà e snocciolate
75 g di amaretti sbriciolati (si veda sotto)
50 g di zucchero a velo
40 g di burro a temperatura ambiente
1 tuorlo d'uovo
mezzo cucchiaino di scorza di limone grattugiata

togliete un po' di polpa centrale a ogni pesca e mettetela in un recipiente.

unite gli amaretti sbriciolati, lo zucchero, 25 g di burro, il tuorlo d'uovo e la scorza di limone, mescolando con forza finché non sarà tutto perfettamente amalgamato.

suddividete il composto tra le diverse pesche, riempiendone le cavità dei noccioli. Cospargete con le mandorle a scaglie e qualche fiocco di burro.

sistemate in una pirofila imburrata e passate in forno già caldo a 180° per 25-35 minuti. Servite caldo o freddo con panna liquida.

Ingredienti per 4 persone
Tempo di preparazione: *20 minuti*
Tempo di cottura: *25-35 minuti*
Temperatura del forno: *180°*

Gli amaretti prendono il nome dal loro caratteristico sapore di mandorla. Sono molto usati per fare dolci e si possono reperire facilmente in qualsiasi negozio o supermercato.

Bomba di ricotta *al rum*

La ricotta, lo squisito formaggio di pecora appare in molte ricette regionali. Qui viene usato per preparare un dessert gelato e cremoso, una specialità della campagna romana.

5 tuorli d'uovo
125 g di zucchero raffinato
5 cucchiai di rum
500 g di ricotta ben schiacciata

rivestite uno stampo da freezer, di 1,2 litri di capienza, con un foglio d'alluminio.

mettete i tuorli d'uovo e lo zucchero in una ciotola, e lavorateli con una frusta o con un frullino elettrico fino ad ottenere un composto soffice e leggero.

amalgamateci prima il rum poi la ricotta, in entrambi i casi versando un po' alla volta.

versate il composto nello stampo, livellate la superficie e coprite con un foglio di alluminio.

lasciate in freezer finché il composto non si sarà solidificato. Trasferitelo su un piatto da portata e servite immediatamente con amaretti o panpepato.

Ingredienti per 4-6 persone
Tempo di preparazione: *20 minuti,*
più il tempo necessario per lasciare il composto in freezer

Tiramisù

Il mascarpone è un formaggio molto delicato, e il Tiramisù è forse il piatto più famoso dove figura come ingrediente principale.

2 tuorli d'uovo
2 cucchiai di zucchero raffinato
qualche goccia di estratto di vaniglia
250 g di mascarpone
175 ml di caffè
2 cucchiai di Marsala
1 cucchiaio di brandy
150 g di savoiardi (o Pavesini)
1 cucchiaio di cacao in polvere
2 cucchiai di cioccolato fondente grattugiato (facoltativo)

con un cucchiaio di legno, lavorate i tuorli d'uovo e lo zucchero in un recipiente finché non saranno cremosi. Unite l'estratto di vaniglia e il mascarpone. Il composto dovrebbe risultare denso e cremoso.

preparate il caffè, fatelo freddare (altrimenti i savoiardi si bagneranno troppo velocemente), quindi mescolatelo al Marsala e al brandy in una ciotola. Immergete velocemente i savoiardi nel liquido così ottenuto: dovrebbero assorbirne solo la quantità necessaria a dar loro sapore, senza diventare troppo molli e rompersi.

sistemate qualche savoiardo sul fondo di un bel piatto grande di vetro oppure su 4 singole ciotole. Ricopriteli con uno strato di crema di mascarpone.

continuate a ripetere gli strati, concludendo con uno strato di crema di mascarpone. Spolverate la superficie di cacao in polvere e lasciate riposare in frigo per 3-4 ore. Il sapore di questo dessert migliora se viene lasciato riposare una notte.

Ingredienti per 6 persone
Tempo di preparazione: *20 minuti,*
più il tempo per raffreddare il dessert in frigo

Prodotti del forno

Pandoro
Il pandoro è un dolce lievitato di origine veronese, tipico del periodo natalizio. Data la grande quantità di burro contenuta nel suo impasto, conviene scaldarlo un po' nel forno prima di mangiarlo, per apprezzarne in pieno la gustosa fragranza. Da qualche tempo si trovano in commercio anche pandori farciti alla crema o al cioccolato.

Panini
I panini sono tipici pani da tavola di piccole dimensioni, lavorati in forme diverse a seconda delle regioni di provenienza. Sempre a seconda delle regioni di provenienza, possono essere conosciuti con nomi diversi (rosette, michette...). Come tutto il pane italiano, i panini sono fatti con il lievito di birra.

Baguette
La baguette è tradizionalmente associata alla Francia. Originaria di Parigi, è una specie di lungo filoncino di pane, dalla crosta sottile e croccante, preparata con farina bianca. Ormai però il pane di questo tipo è diffuso in tutto il mondo. Quello fatto in Italia ha di solito un po' d'olio d'oliva nell'impasto.

Panettone
Il panettone è un dolce lievitato fatto con uova, frutta candita e

uva passa. Originario della Lombardia, è ormai un simbolo universale delle festività natalizie. Nelle pagine dedicate ai dolci (p229) troverete la ricetta per farlo direttamente in casa vostra.

Grissini
Ogni ristorante italiano che si rispetti ha i grissini sulla tavola. Questi lunghi bastoncini di pane, specialità torinese, croccanti e dorati, si servono soprattutto per accompagnare gli antipasti.

Focaccia
La focaccia è un tipo di pane salato piatto, cotto in forno su una teglia oleata; l'olio d'oliva è l'ingrediente fondamentale. Si può mangiare anche da sola, ma è soprattutto una base molto adatta per varianti regionali con aggiunta di pomodori essiccati, olive, patate... Può anche essere farcita con salumi o formaggi, come un panino.

Ciabatta
La ciabatta è uno dei pani più amati. Come la focaccia, si prepara con olio d'oliva, ha una forma lunga e schiacciata e poca mollica. Si può trovare anche aromatizzata ai pomodorini secchi, alle olive e alle erbe.

Focaccia all'aglio

Il pane all'olio italiano è diventato famoso in tutto il mondo. È buono e sano, niente affatto difficile da fare: provate questa versione aromatizzata all'aglio.

5 g di lievito in polvere
375 g di farina tipo 0
175 g di acqua tiepida
1 cucchiaino di sale
3 spicchi d'aglio schiacciati
2 cucchiai di olio d'oliva
1 cucchiaio di farina di granturco o di semolino
1 cucchiaio di olio d'oliva, più altro olio per lucidare il pane
2 cucchiaini di sale marino pestato

mescolate in una ciotolina il lievito in polvere, 1 cucchiaino di farina e un po' d'acqua. Dopo aver ricoperto la ciotola con una pellicola trasparente, lasciatela al caldo per 10 minuti finché il composto non sarà schiumoso.

setacciate tutto il resto della farina in un recipiente abbastanza grande con il sale e l'aglio e mescolate con cura. Fate un buco al centro, versateci il lievito sciolto nell'acqua e l'olio d'oliva. Mescolate fino a ottenere un impasto compatto.

trasferite la pasta su una spianatoia leggermente infarinata e lavoratela per 10 minuti. Datele una forma sferica e mettetela in un recipiente grande, leggermente oleato. Coprite con una pellicola trasparente e lasciatela al caldo per 40 minuti finché non sarà ben lievitata.

riscaldate il forno a 210°. Cospargete di farina di granturco o di semolino il fondo di una teglia bassa di 18 x 28 cm. Lavorate la pasta ancora per 2 minuti, finché non sarà soffice e omogenea. Mettetela nella teglia, appiattendola coi palmi delle mani, e bucherellate la superficie con la punta di un coltello o di uno spiedo.

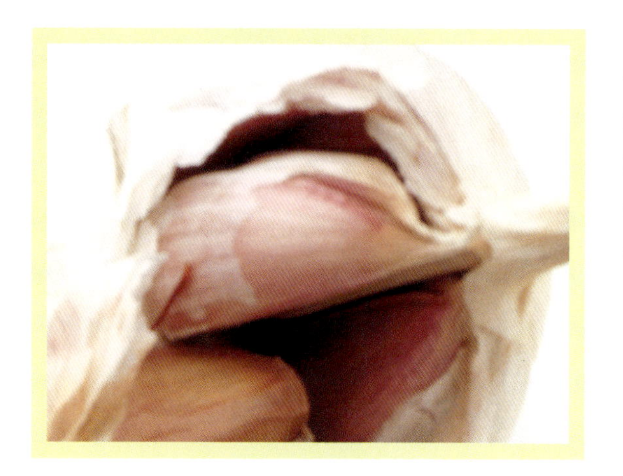

spruzzate un po' d'acqua sulla superficie e passate in forno per 10 minuti, passati i quali ripeterete l'operazione. Lasciate in forno per altri 10 minuti, poi pennellate la superficie con olio d'oliva, cospargetela di sale marino e rimettete in forno per altri 5 minuti. Servite tiepida o a temperatura ambiente, tagliata a spicchi o quadri.

Ingredienti per 4-6 persone
Tempo di preparazione: *20 minuti, più 50 minuti per la lievitazione*
Tempo di cottura: *25 minuti*
Temperatura del forno: *210°*

Focaccia al formaggio
con erba cipollina fresca

Il formaggio e l'erba cipollina si sposano bene, e danno alla focaccia un sapore molto gustoso.

5 g di lievito in polvere
375 g di farina tipo 0
175 g di acqua tiepida
1 cucchiaino di sale
25 g di parmigiano grattugiato
1 cucchiaio di erba cipollina tritata
2 cucchiai di olio d'oliva
1 cucchiaio di farina di granturco o di semolino
1 cucchiaio di olio d'oliva, più altro olio per lucidare il pane
2 cucchiaini di sale marino pestato

mescolate in una ciotolina il lievito in polvere, 1 cucchiaino di farina e un po' d'acqua. Dopo aver ricoperto la ciotola con una pellicola trasparente, lasciatela al caldo per 10 minuti finché il composto non sarà schiumoso.

setacciate il resto della farina in un recipiente abbastanza grande, unitevi il sale, il parmigiano e l'erba cipollina e mescolate con cura. Fate un buco al centro, versateci il lievito sciolto nell'acqua e l'olio d'oliva. Mescolate fino a ottenere un impasto compatto.

trasferite la pasta su una spianatoia leggermente infarinata e lavoratela per 10 minuti. Datele una forma sferica e mettetela in un recipiente grande, leggermente oleato. Coprite con una pellicola trasparente e lasciatela al caldo per 40 minuti, finché non sarà ben lievitata.

riscaldate il forno a 210°. Cospargete di farina di granturco o di semolino il fondo di una teglia bassa di 18 x 28 cm. Lavorate la pasta ancora per 2 minuti, finché non sarà soffice e omogenea. Mettetela nella teglia, appiattendola coi palmi delle mani, e bucherellate la superficie con la punta di un coltello o con uno spiedo. Spruzzate sulla superficie un po' d'acqua e passate in forno per 10 minuti, passati i quali ripeterete l'operazione. Lasciate in forno per altri 10 minuti, poi pennellate la superficie con olio d'oliva, cospargetela di sale marino e rimettete in forno per altri 5 minuti. Servite tiepida o a temperatura ambiente, tagliata a spicchi o quadri.

Ingredienti per 4-6 persone
Tempo di preparazione: *20 minuti, più 50 minuti per la lievitazione*
Tempo di cottura: *25 minuti*
Temperatura del forno: *210°*

Focaccia alle olive
con aglio e rosmarino

5 g di lievito in polvere
375 g di farina tipo 0
175 g di acqua tiepida
1 cucchiaino di sale
1 spicchio d'aglio schiacciato
2 cucchiai di olio d'oliva
50-75 g di olive nere snocciolate, finemente tritate
1 cucchiaio di aghi di rosmarino fresco
1 cucchiaio di farina di granturco o di semolino
1 cucchiaio di olio d'oliva, più altro
olio per lucidare il pane
2 cucchiaini di sale marino pestato

Per guarnire

qualche oliva nera intera
qualche rametto di rosmarino fresco

mescolate in una ciotolina il lievito in polvere, 1 cucchiaino di farina e un po' d'acqua. Dopo aver ricoperto la ciotola con una pellicola trasparente, lasciatela al caldo per 10 minuti finché il composto non sarà schiumoso.

setacciate la farina rimasta in un recipiente abbastanza grande, unitevi il sale, le olive, il rosmarino e mescolate con cura. Fate un buco al centro, versateci il lievito sciolto nell'acqua e l'olio d'oliva. Mescolate fino a ottenere un impasto compatto.

trasferite la pasta su una spianatoia leggermente infarinata e lavoratela per 10 minuti. Datele una forma sferica e mettetela in un recipiente grande, leggermente oleato. Coprite con una pellicola trasparente e lasciatela al caldo per 40 minuti, finché non sarà ben lievitata.

riscaldate il forno a 210°. Cospargete di farina di granturco o di semolino il fondo di una teglia bassa di 18 x 28 cm. Lavorate la pasta ancora per 2 minuti, finché non sarà soffice e omogenea. Mettetela nella teglia, appiattendola coi palmi delle mani, e bucherellate la superficie con la punta di un coltello o uno spiedo.

spruzzate sulla superficie un po' d'acqua e passate in forno per 10 minuti, passati i quali ripeterete l'operazione. Lasciate in forno per altri 10 minuti, poi pennellate la superficie con olio d'oliva, cospargetela di sale marino e rimettete in forno ancora per 5 minuti. Servite tiepida o a temperatura ambiente, tagliata a spicchi o quadri.

Ingredienti per 4-6 persone
Tempo di preparazione: *20 minuti, più 50 minuti per la lievitazione*
Tempo di cottura: *25 minuti*
Temperatura del forno: *210°*

Indice

N

O

P

Ringraziamenti

Fotografie speciali di Jean Cazals

Tutte le altre foto:
Reed International Books Ltd./William Adams-Lingwood, Robert Golden, Tim Imrie, Graham Kirk, James Murphy, Peter Meyers, Simon Smith, Roger Stowell, Paul Webster, Paul Williams.

Esperto di economia domestica
Marie-Ange Lapierre